TB 48
3375

L'ANTI-DOCTRINAIRE.

L'ANTI-DOCTRINAIRE,

ET

RÉPONSE A M. GUIZOT

SUR

SES MOYENS DE GOUVERNEMENT

PRÉCÉDÉ

D'UNE DISCUSSION

SUR L'ÉGALITÉ ET SUR LA SOUVERAINETÉ DU PEUPLE.

On peut tout faire, tout corriger; le grand défaut de presque tous ceux qui gouvernent, est de n'avoir que des demi-volontés et des demi-moyens.

VOLTAIRE.

PARIS,

CHEZ C. J. TROUVÉ, IMPRIMEUR – LIBRAIRE,

RUE NEUVE-SAINT-AUGUSTIN, N. 17.

1822.

AVERTISSEMENT.

On est convenu, dans la société, de désigner particulièrement sous le titre de *Doctrinaires*, un cercle de publicistes tellement circonscrit que, rigoureusement, il pourrait, assure-t-on, tenir sur un canapé.

Ce n'est pas à ce petit *divan* que l'*Anti-Doctrinaire* s'adresse exclusivement; il ne considère cette espèce de *Doctrinaires* que comme des sectaires isolés et schismatiques; son objet est plus général : il embrasse tous les amis de la révolution, les vétérans comme les conscrits; tous ceux surtout qui s'appuyant sur la fameuse déclaration des droits qui servait de frontispice à la prétendue constitution de 1791, veulent en faire revivre les doctrines, et préludent ainsi, volontairement, ou involontairement, à un nouveau bouleversement social.

*

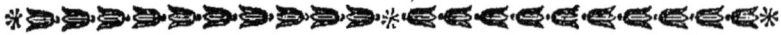

L'ANTI-DOCTRINAIRE,

ET

RÉPONSE A M. GUIZOT

SUR

SES MOYENS DE GOUVERNEMENT.

CHAPITRE Ier.

Origine des Doctrines modernes.

Il y a dans l'esprit actuel des Européens un principe constant de révolutions qui fait le tourment des amis de la tranquillité publique, l'espérance des visionnaires et la joie des factieux.

Ce principe, c'est le prosélytisme de certaines doctrines accueillies avec enthousiasme par un faux esprit de perfectionnement, reçues sans examen par la multitude, et propagées ardemment par les néophytes comme l'évangile politique qui doit régénérer le genre humain. L'Italie, un moment envahie par ces doctrines, l'Espagne et le Portugal, devenues leur domaine, offrent une preuve de leur constante activité, et montrent combien elles sont ardentes à étendre de plus en plus leur empire.

L'expérience des dangers attachés à la pratique de ces doctrines n'en dégoûte point les partisans. Leur voient-ils produire d'affreuses convulsions, des crimes atroces, c'est la *faute* des *hommes* et non pas des *doctrines*, disent-ils. En conséquence, ils sont constamment disposés à renouveler leurs fatales expériences, ajournant toujours à la plus prochaine la preuve d'un succès également innocent et décisif; comme si ces nouvelles expériences devaient avoir lieu sur des anges, et que les passions des hommes ne fussent pas toujours les mêmes!

Si parmi les enthousiastes quelques-uns reconnaissent avec le temps leur égarement et l'abjurent, aux yeux des autres ce sont de faux frères, des transfuges, et le désenchantement n'atteint pas la masse; en sorte que, non seulement il n'y a jamais de vide dans les rangs, mais que la secte se recrute journellement, et que sa foi politique s'en augmente dans une progression toujours croissante.

Les covenantaires d'Écosse ont été les *créateurs de cette secte.*

Comprimée en Angleterre, elle y conserve ce qu'elle appelle le *feu sacré;* elle y jette par-ci par-là quelques lueurs d'existence; elle a fait récemment l'essai de ses forces sous le nom des *ra-dicaux*; et, sans la vigueur des hommes qui gouvernent ce pays, elle aurait déjà bouleversé de nouveau les trois royaumes.

On a beaucoup disserté sur les causes de l'insurrection américaine; l'esprit de la secte en question en fut incontestablement la véritable cause : celles qu'on a cru trouver n'en furent que les accessoires ou le prétexte.

Les colonies anglaises ayant été originairement peuplées de covenantaires, de puritains, de presbytériens, d'indépendans, enfin de tous les dissidens d'Angleterre, unis par des principes communs de foi politique autant que religieuse, ils y conservèrent ces principes, les transmirent à leurs enfans qui, profitant des circonstances, excitèrent la rébellion dans le siècle dernier, renversèrent l'autorité existante, et finirent par faire consacrer leurs doctrines chéries dans les *déclarations des droits* qui précèdent les Constitutions américaines, et préludèrent à l'insurrection.

Que l'on compare, en effet, ces déclarations récentes des droits avec les principes censurés en 1683, par l'Université d'Oxford, et l'on ne pourra s'empêcher de reconnaître la paternité et la filiation, l'identité parfaite des principes (1).

_____

(1) Voir le décret de censure, à la fin de cette esquisse.

Cette observation échappa sans doute au conseil de l'infortuné Louis XVI, car autrement il se fût bien gardé de porter ce Prince à se rendre le protecteur des insurgens, et, par contre-coup, de doctrines subversives de toute autorité, subversives surtout de la monarchie.

Peut-être l'imprévoyance des ministres les aveugla-t-elle sur le danger, en raison de l'éloignement; peut-être crurent-ils pouvoir concourir impunément au triomphe de ces doctrines dans le Nouveau-Monde, et que l'intervalle des mers serait infranchissable pour elles; peut-être, enfin, imagina-t-on qu'une monarchie nouvelle sortirait du sein de l'insurrection, et s'élèverait dans le Nouveau-Monde. La chose n'était pas invraisemblable; mais l'esprit de secte avait pénétré l'âme de Washington, et il fit à cet esprit le sacrifice de son ambition.

Une femme célèbre a dit :

« Dans les occasions périlleuses, le courage » prend sa place, la multitude se range et » obéit. »

Cette observation, conforme aux faits, indique la véritable origine du pouvoir.

Il résulte de la protection donnée à la faiblesse par la force unie au talent et au courage.

Acquis *sans violence* et transmis par l'hérédité, il est toujours légitime.

C'est en ce sens que le pouvoir vient de Dieu.

Pourquoi l'homme de tête et de cœur ordonne-t-il dans le danger? Pourquoi la multitude obéit-elle? C'est que Dieu l'a voulu ainsi pour la conservation même de la multitude.

Les sophistes modernes qui ont placé l'origine du pouvoir dans un contrat social primitif, ont démenti les faits et mis leurs rêves à la place.

L'histoire ne présente nulle part la tradition d'un contrat social primitif.

Tout contrat, toute constitution politique ont des antécédens qui attestent l'existence d'un pouvoir antérieur, lequel se modère le plus souvent lui-même, ou se modifie selon les besoins de la société.

En Amérique, Washington était *roi* quand il ne voulut être que président temporaire de son pays.

La limitation de son pouvoir vint uniquement de *lui seul;* sans son opposition personnelle fortement manifestée, il était porté sur le pavois. Il lui fallut tout l'ascendant d'une volonté inébranlable pour empêcher son exaltation.

Le danger l'avait créé le *maître;* il préféra le triomphe de ses doctrines au sien propre.

Cromwell, au commencement des troubles d'Angleterre, infatué comme Washington des

mêmes principes, et placé dans la même position, tint une conduite toute contraire. Le désintéressement de Washington est une exception
honorable pour son caractère ; mais il n'en faut
rien conclure en faveur des *propagateurs des
droits de l'homme* : la journée du 18 brumaire
an VIII en est la preuve. Buonaparte avait porté
le bonnet rouge ; il le remplaça depuis par deux
couronnes.

Quelles que soient les conséquences de la conduite modeste de Washington, sa modération
fut-elle réellement un bonheur pour son pays ?
La solution de cette question est toute entière
dans l'avenir des États-Unis, il faut attendre que
cet avenir se soit développé. Leur état présent
ne préjuge rien : la postérité décidera.

Malgré le triomphe actuel assuré par lui dans
le Nouveau-Monde aux doctrines qu'il professait,
elles n'en sont pas moins fausses en principes,
elles n'en portent pas moins avec elles le germe
de nouvelles révolutions.

Eussent-elles été vraies, elles étaient certainement inapplicables à la vieille Europe ; nous en
avons fait l'expérience funeste : l'Espagne et le
Portugal commencent la leur.

Examinons les fruits qu'elles ont produits jusqu'ici en Europe.

Nées au sein de l'Angleterre, elles excitèrent la rébellion, firent couler des torrens de sang, déplacèrent les fortunes, conduisirent Charles Ier à l'échafaud, et servirent de marche-pied à Cromwell pour s'emparer du pouvoir, et gouverner son pays sous un sceptre de fer.

Importées d'Amérique en France, et consignées *dans la déclaration des droits de la Constitution de* 1791, elles précipitèrent Louis XVI du trône, et substituèrent à son autorité douce et paternelle, les sanglantes saturnales du despotisme de la multitude.

En vertu des *Droits de l'homme*, jamais les hommes ne furent emprisonnés, dépouillés, proscrits et suppliciés avec plus d'impudeur et et de barbarie !

Les mitraillades des citoyens de Paris en vendémiaire an iv, suivirent immédiatement la *déclaration des droits* qui précéda la Constitution de l'an iii.

En vérité, si l'expérience servait à quelque chose, les hommes devraient être bien dégoûtés de la fastueuse déclaration de leurs prétendus droits, car le moment de leur proclamation est toujours l'époque fatale qui en signale le mépris le plus épouvantable.

Mais l'esprit de secte ne se dégoûte pas si facilement ; tout au contraire, il se roidit contre

les épreuves, il s'obstine à les recommencer, re-
mettant toujours, comme je l'ai dit, le succès à
l'épreuve suivante. C'est ainsi qu'en France il y
a une foule d'esprits indociles et opiniâtres qui
ne rêvent que nouvelles experiences, et recom-
menceraient demain la révolution, au hasard
d'en être les premières victimes.

Pour l'honneur de leur caractère, il faut croire
que la majeure partie de ces hommes sont de
bonne foi, et qu'ils abjureraient ces doctrines,
si elles leur paraissaient réellement anti-sociales :
il faut donc s'efforcer de les éclairer, et leur démontrer qu'elles sont en effet anti-sociales,
qu'elles n'ont produit et ne peuvent produire
que de mauvais fruits, parce que, bien loin d'ê-
tre conformes à la nature de l'homme, elles
lui sont complétement opposées, et ne peuvent
jamais être que des principes de rébellion que
les factieux propagent, et dont ils profitent ha-
bilement pour s'emparer du pouvoir et substituer la tyrannie à l'autorité tutélaire des lois.

Je n'examinerai que les deux principaux articles de la Déclaration des droits, parce qu'ils
sont les articles fondamentaux du symbole révolutionnaire. Savoir.

1° *Les hommes naissent libres et égaux.*

2° *Le peuple est souverain.*

CHAPITRE II.

Les hommes naissent libres et égaux.

C'est l'axiome favori des sophistes modernes.

Cependant l'existence de toutes les sociétés , sans exception quelconque , est en opposition manifeste avec cette assertion ; partout il y a des gradations de rangs ; partout il y a des hommes qui commandent et des hommes qui obéissent , des propriétaires et des prolétaires , des maîtres et des valets ; partout l'inégalité de fait atteste ;

Ou *que la poposition est fausse* ,

Ou *qu'une dépravation sociale* a violé dans les individus les droits de l'humanité.

La question ne devrait pas être embarrassante pour la raison.

Le plus célébre des sophistes modernes (1) se chargea de la trancher contre l'évidence ; et plutôt que d'accuser l'axiome chéri de manquer de justesse , il accusa la société toute entière de dépravation morale ; il lança anathème contre

---

(1) J.-J. Rousseau.

elle, et prétendit la ramener à sa pureté primitive, l'état des sauvages ; il rechercha les causes de l'inégalité parmi les hommes, et l'assigna nettement au premier qui s'avisa d'enclore un champ et de dire : *Ceci est à moi* ; il prétend que celui qui eût brisé la clôture eût été le bienfaiteur du genre humain.

Pour admettre la proposition de Jean-Jacques, il faut supposer qu'antérieurement à cette prise de possession particulière, les hommes vivaient isolément, et ne connaissaient ni *tien*, ni *mien*.

On a trouvé des sauvages dans le Nouveau-Monde, et l'on a dit que leur vie était l'état de nature.

Je crois, et tous les hommes de bonne foi seront disposés à convenir de ce fait, que l'état prétendu de sauvage n'est autre chose qu'un état de société dans son enfance.

En effet, tous les voyageurs éclairés conviennent que, parmi les sauvages, il existe une sorte de supériorité et de dépendance relatives, soit dans la famille, soit dans la tribu, soit dans la nation.

De ce que ces sauvages ne se sont point partagé la terre qu'ils habitent ; de ce que parmi eux nul n'a dit, en entourant un champ, *ceci est à moi*, il faut bien se garder de conclure que l'égalité règne parmi eux , qu'ils ne connaissent ni le *mien*, ni le *tien*, et que tout soit commun entre eux ; il faut seulement en conclure que , ne cultivant point la terre pour la rendre productive , ils n'ont eu aucun besoin de se diviser le sol qu'ils occupent.

A quoi leur servirait en effet cette division entre eux , puisqu'ils vivent de chasse et de pêche , et de quelques misérables fruits spontanés qui, à défaut des deux premières ressources sustentent occasionnellement leur existence ?

Mais s'ils ne se sont point divisé la terre en famille dans chaque tribu , soit peuplade , ils jouissent à titre d'occupation première du terrain parcouru par eux.

Là ils chassent , pêchent privilégiément, et ne permettent point à aucune autre tribu de parcourir ce qu'ils envisagent comme leur domaine.

Leurs divisions de propriété ne sont point confinées et rétrécies dans les enclos de haies ou de murs dont ils n'auraient que faire ; elles sont limitées par des rivières , des montagnes , des lacs , enfin , par de grandes divisions naturelles. L'on ne peut pas dire qu'ils ne connaissent ni le *tien*, ni le *mien* , puisque chacun a ses armes comme propriété particulière , puisqu'ils s'exter-

minent quand une tribu étrangère se permet de
venir occuper , pour raison de chasse ou de pêche , l'une de ces grandes divisions territoriales
que la tribu première occupante regarde comme
son domaine privilégié.

S'il est vrai ensuite que les sauvages connaissent des chefs , soit parce que les uns sont plus
âgés et ont acquis plus d'expérience, soit parce
que les autres sont plus forts , plus agiles , et
que dans les occasions les premiers dirigent les
guerres de nation à nation , et les seconds mar-
chent à la tête des guerriers , on ne peut pas
dire que, parmi les sauvages mêmes , il existe
une égalité absolue de droits , puisque les uns
dirigent et que les autres sont dirigés ; puisque
les uns commandent et que les autres obéissent.

On ne peut pas dire non plus qu'il y ait pour
tous liberté absolue , par la même conséquence.

Ainsi, parmi les sauvages mêmes , on voit que
le *tien* et le *mien* sont deux principes positifs
d'action ; que le *tien* et le *mien* son anté-
rieurs à toute division particulière du sol entre
les familles.

On voit qu'il existe hiérarchie , soumission ,
dépendance , et conséquemment qu'il n'y a ni
liberté ni égalité absolue parmi les sauvages. Il
y a plus de liberté , plus d'égalité sans doute que

dans une société avancée , où les besoins se sont accrus , où les intérêts se sont compliqués , mais, elles n'existent point absolument.

Si donc l'égalité et la liberté absolue n'existent pas même parmi les sauvages , a-t-on pu dire de bonne foi que c'étaient des *droits naturels ?* Qu'entend-on par état de nature , si l'on n'entend pas l'état de sauvage pris au premier degré ? Qu'est-ce qu'un état de nature qui n'a pas de modèle , de type dans la nature ?

Les philosophes, comme le vulgaire, se servent souvent de mots qu'ils ne définissent pas, et dont ils supposent la justesse unanimement reconnue. Ils ont dit les *droits naturels* , et ils ont supposé qu'il y avait en effet des droits naturels; mais le mot *droit* suppose déjà l'état de société , si peu avancé que l'on voudra. Le droit résulte nécessairement d'une convention entre deux familles , entre deux individus, entre deux peuples. C'est donc un terme exclusivement propre à l'état de société.

Dans la nature , il n'y a que des besoins et des appétits ; le fort opprime le faible pour satisfaire l'un ou l'autre, et le plus faible se retire pour chercher ailleurs les moyens de satisfaire ses appétits et ses besoins ; il ne s'avise pas d'invoquer, à l'égard du plus fort , son prétendu droit naturel à la jouissance que celui-ci lui ravit : le

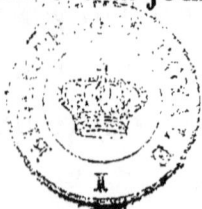

2

fort ne le comprendrait pas. Tout au plus, s'il y a sur le terrain de quoi satisfaire le fort et le faible, le fort se retire, et laisse l'autre se satisfaire, parce que lui-même est rassasié ; et comme l'idée des provisions et de la prévoyance du lendemain est déjà trop compliquée pour être entrée dans l'esprit du fort, qui ne connaît que la jouissance du moment, sa retraite n'est que l'effet de la satiété; et ne résulte point de la reconnaissance d'un prétendu droit, dont il laisse jouir le faible, mais de sa satisfaction pleine et entière actuelle. Et cela est si vrai, que le lendemain, s'il a faim, et que le faible ait tué une pièce de gibier nécessaire à sa subsistance particulière, il le battra ou le tuera pour la lui enlever.

Au lieu des *droits naturels*, il faut exclusivement dire des *droits sociaux*, car toute société suppose des rapports individuels et des usages ou des lois qni règlent les relations et les droits mutuels.

Maintenant, ces droits peuvent-ils, doivent-ils être égaux entre tous les individus, de telle sorte que le plus faible ait une part égale de jouissance avec le plus fort ?

On peut rêver la solution de ce problème, mais ce ne sera jamais qu'un rêve ; car on ne concevra jamais comment les forts voudraient s'exposer gratuitement pour la conservation des fai-

bles ; comment les plus industrieux, les plus spirituels, les plus actifs voudraient employer leur
industrie, leur activité, leur esprit au profit des
sots, des indolens et des paresseux.

Certes, ce marché est si ridicule, qu'il suffit
d'en exposer les conditions pour en démontrer
l'absurdité, et il n'y a pas un partisan de l'égalité
dans le monde qui voulût signer un pareil contrat.

Ainsi, la société naissante, soit l'état de sauvage, pas plus que la société perfectionnée, soit
civilisée, n'ont pour objet spécial d'établir une
égalité parfaite entre les hommes ; et le mot *égalité*, pris dans sa véritable acception, devrait
être rayé du code de la société comme il l'est
du code prétendu de la nature. Car partout il a
été et sera une cause perpétuelle de désordres.

En effet, la déclaration que les hommes naissent libres et égaux en droits n'eut pas plutôt
frappé les oreilles de la multitude, que celle-ci
regarda la gradation des rangs comme une violation des droits de l'homme ; mais aucune vanité
ne voulut descendre de sa position ; toutes eurent
la prétention de s'élever ; les valets s'égalèrent
aux maîtres, les prolétaires aux propriétaires, les
bourgeois et les gentilshommes aux princes et
aux rois ; ce fut un débordement de prétentions
sans mesure ; toute subordination, toute autorité
devint un sujet de controverse ; chacun se sentit

le desir de commander, personne ne crut devoir obéir.

En vain les yeux étaient-ils frappés des inégalités morales et physiques qui constituent l'espèce humaine; en vain était-on obligé de convenir secrètement avec soi-même qu'il y a des hommes de taille grande, moyenne et petite, forts ou faibles, valides ou débiles, actifs ou indolens, spirituels ou sots, n'importe, on se déguisait l'évidence, et le dogme de l'égalité chérie resta seul dans l'esprit, parce qu'il flattait la vanité.

Pour en sauver le ridicule absolu, les docteurs tâchèrent d'expliquer que l'égalité ne s'entendait que des *droits*; personne ne comprit, et il faut bien le dire, personne, ni les docteurs, ni les ignorans, ne pouvaient rien comprendre à cette distinction, car on n'était pas arrivé jusque là, sans savoir *que les tribunaux étaient ouverts à tout le monde*; or, c'était bien la peine de recevoir, comme une révélation nouvelle, une vérité triviale! Ce n'était pas le compte de l'amour-propre. Les ignorans persistèrent donc à entendre l'égalité selon l'intérêt de leur position, et les factieux à la prêcher.

Peu à peu, cependant, la vanité cède au besoin de l'ordre; le peuple s'aperçoit que l'anarchie empire sa condition au lieu de l'améliorer, que quelques intrigans seulement profitent du désordre pour obtenir les distinctions contre lesquelles ils ont si vivement déclamé; alors la masse, plus sage que les prétendus philosophes, donne l'exemple de la subordination, tandis que les sophistes continuent à agiter la question d'un prétendu contrat social primitif qui n'exista jamais chez aucun peuple, pas plus parmi les hommes que parmi les fourmis, les abeilles et les castors.

En dépit de la déclaration des prétendus droits de l'homme, convenons, pour être vrais, qu'il n'y a point d'égalité parfaite dans la nature, qu'il n'y en a point dans la société, et qu'elle n'y peut exister qu'à l'aide d'une monstrueuse servitude, l'opposé complet de l'égalité.

Ainsi, par exemple, les citoyens de Sparte jouissaient en commun, *mais les Ilotes travaillaient pour eux* :

Ainsi les citoyens d'Athènes et de Rome possédaient quelques droits communs, *mais les esclaves travaillaient pour eux.*

Résulte-t-il de ces principes, qu'il faille combiner les choses dans l'état social, de manière à y conserver toutes les inégalités naturelles, de manière que le fort opprime le faible, de manière que le rusé s'approprie injustement le travail d'un autre moins avisé que lui? Non sans doute, car c'est à là société perfectionnée à corriger autant que possible les inégalités de la nature; et c'est pour cela que les lois sont instituées; c'est là le but de la civilisation. Ce n'est pas *l'égalité*, c'est *la justice* qui est la première condition de la société ; et la justice consiste à protéger le faible contre les injustices du fort, à lui conserver la jouissance de toutes ses facultés naturelles, en tant que cette jouissance ne blesse point l'intérêt général; mais cette protection n'est point une protection d'égalité, c'est une protection de justice. Ainsi le fort ne pourra point exiger du faible qu'il travaille pour lui, même avec salaire ; l'homme industrieux sera libre de mettre le prix qu'il voudra au produit de son industrie, et la concurrence seule en réglera la quotité.

Ces malheureux mots d'*égalité* et de *liberté* ont renversé toutes les têtes en Europe. Il n'y a point d'homme si obscur, si infime qui ne regarde comme un outrage la gradation des rangs dans l'ordre social; et pourquoi ? parce qu'ils entendent répéter tous les jours, par des hommes au moins superficiels, que les hommes naissent *libres et égaux en droits* : chimère absurde que nous avons suffisamment démontrée.

Si les publicistes se fussent bornés à parler aux hommes de leurs droits communs à la justice, ces sentimens de jalousie contre les gradations des rangs ne seraient pas même nés dans le cœur de la multitude.

La classe inférieure eût été satisfaite complètement, en se reposant sur cette vérité, qu'elle avait un droit commun à la protection, c'est-à-dire à la justice du gouvernement, et que, quels que fussent les titres et les qualités des hautes classes, elles ne pouvaient imposer aux classes inférieures aucunes conditions opposées à la justice.

Mais est-il juste, disent les partisans de l'égalité, qu'il y ait des gradations de rangs dans l'ordre social, et des classes auxquelles l'opinion publique attache une considération particulière, auxquelles le gouvernement accorde des titres honorifiques, héréditaires? Je crois que le législateur peut, selon qu'il le juge utile, modifier les distinctions sociales; mais je pense, ou, pour mieux dire, j'affirme qu'il ne peut pas les anéantir; que partout où les hommes sont réunis en société, ils sont classés, ou par les lois ou par la force des choses, en citoyens plus ou moins distingués, soit qu'ils tirent leurs distinctions des fonctions qu'ils remplissent ou qu'ils ont remplies, soit qu'ils les tirent de la fortune, soit qu'ils les tirent d'un ordre social particulier reconnu par le législateur comme le plus honorable.

Qu'on ne vienne pas encore une fois m'opposer les Constitutions américaines, qui n'admettent ni gradation de rangs ni hérédité : là tout est dans l'enfance ; il y a plus, tout est contradiction manifeste. La moitié des États-Unis contient des esclaves, et la lettre des Constitutions et les faits y sont en opposition formelle. La république y est évidemment plus dans les mots que dans les choses, car l'unité du pouvoir est déjà concentrée dans le président ; à la vérité, il n'est encore que temporaire ; mais que les circonstances deviennent critiques, il sera bientôt viager et héréditaire. Quant à la gradation des rangs, elle y est de fait très-marquée par la richesse, qui tient provisoirement lieu des honneurs ; et pour y signaler un homme digne d'une considération particulière, on dit de lui avec beaucoup d'emphase : *Cest un grand propriétaire...* (1) Patience ! un peuple qui concilie l'esclavage de droit et de fait avec la *déclaration des droits*, conciliera bien plus aisément l'institution de la noblesse et de son hérédité, quand surtout le pouvoir sera devenu héréditaire, comme cela arrivera infailliblement plus tôt ou plus tard.

'On peut remarquer, au surplus, en faveur de l'institution de la noblesse héréditaire, qui couvre la terre, à fort peu d'exceptions près, et qui,

_____

(1) *It is a man of a great propriety.*

là même où elle n'existe pas de droit, est remplacée par des mœurs qui en tiennent lieu ; on peut remarquer, dis-je, que, sous l'influence de cette institution, la civilisation s'est élevée à un degré bien plus éminent chez les peuples où elle est établie, que chez ceux qui ne la connaissent pas ; que surtout elle est contraire au pouvoir absolu ; et que si elle soutient le pouvoir légitime, elle prévient le despotisme. Ainsi les habitans de l'empire de Maroc, ainsi les Turcs sont restés barbares, et leurs empereurs sont despotes. Cette institution est donc modératrice de toutes les violences naturelles aux peuples et aux rois, il ne faut donc pas s'étonner si la civilisation s'est améliorée sous son influence.

Comme les institutions sociales doivent être combinées par les législateurs dans l'intérêt du plus grand développement moral de l'homme, celles qui le facilitent ne peuvent pas être écartées, parce qu'elles blesseraient quelques vanités individuelles ; car ces vanités sont d'une faible considération, en comparaison des avantages que la société en retire ; les hommes sages peuvent seulement desirer le perfectionnement de ces institutions, et que la carrière des dignités reste toujours ouverte à toutes les vertus et à tous les talens. Les abus s'introduisent dans les meilleures institutions ; et sans doute celle de la noblesse n'en a pas été exempte; mais c'est au législateur à ramener celle-ci à son principe, à rendre possible l'épuration de ses membres par une sorte de censure intérieure, et à la défendre contre les agressions de la médiocrité jalouse.

En sondant le cœur de l'homme, on est obligé de reconnaître qu'il lui faut toujours un principe d'action; celui des dignités est le seul qui puisse tenter ceux qui jouissent déjà des avantages de la fortune; c'est le seul qui puisse maintenir l'homme pauvre et vertueux dans les voies de l'honneur et de la justice, et le dédommager de l'inégalité des fortunes. Sans ce contre-poids, Plutus devient le dieu de la société; tous les moyens d'arriver à la fortune sont légitimes; la considération est *toute matérielle*, elle ne porte plus que sur la plus grande masse des écus; toute considération morale s'évanouit, et la société marche à sa dissolution, parce que tout se corrompt et se déprave, et que les jouissances brutales sont mises au-dessus de la délicatesse et de l'honneur. Aussi les agioteurs, les riches improvisés par toutes sortes de moyens, sont-ils les plus grands ennemis de la gradation des rangs! Ils ne peuvent souffrir qu'il y ait dans l'esprit des hommes quelque chose qui leur paraisse plus estimable, qu'un coffre-fort bien garni.

CHAPITRE III.

Souveraineté du peuple.

Après voir démontré le vice de la déclaration des droits de l'homme, sous les rapports d'égalité, faut-il sérieusement aborder la question de la souveraineté du peuple, doctrine encore née au milieu du puritanisme anglais, doctrine si absurde, qu'en en faisant la concession à ses partisans, ils ne sauraient qu'en faire dans l'application?

D'autres l'ont observé avant moi, il n'y a dans le monde qu'une seule langue sans équivoque; c'est celle des chiffres; tous les signes y ont une valeur déterminée, positive, absolue. Les signes des autres langues, au contraire, n'ont que des valeurs incertaines, vagues, confuses, et généralement arbitraires. Que veut dire le mot *peuple*, dans son application *à l'exercice de la souveraineté?* c'est une question que peu de personnes s'avisent de se faire : ce mot a une valeur tellement arbitraire, tellement relative, que chaque individu veut, selon la circonstance, faire partie ou exception du peuple : s'agit-il d'habitudes grossières, de préjugés ridicules , tout le monde, jusque dans les dernières classes, veut faire exception, et ne parle du peuple qu'avec mépris. Est-il question de souveraineté, chacun veut en faire partie et en parle avec respect; mais chacun l'entend à sa manière , et avec la prétention sous-entendue d'exclure tout ce qu'il considère comme au-dessous de soi. Ainsi les bourgeois , dans leurs pensées, excluent les hommes voués aux professions mécaniques; ceux-ci, les artisans de la classe qu'ils croyent inférieure à la leur ; ces derniers, leurs garçons; ceux-ci, les hommes de peine; ainsi de suite : C'est cet arbitraire qui donne, dans l'ébranlement des masses, tant de force à cette opinion de la souveraineté du peuple, parce que la population toute entière se croit alors appelée à l'exercice d'un droit inaliénable , imprescriptible et sacré, selon l'expression des docteurs en souveraineté du peuple.

Et qu'on ne se le dissimule pas , ces docteurs ont à dessein laissé sans définition le mot peuple dans son application à l'exercice de la souveraineté ; parce qu'ils ont bien senti, qu'ils trahiraient, par une explication franche, l'absurdité radicale de leur dogme.

En effet , quelque cynisme qu'ils aient eu l'intention d'introduire dans la prédication de ce dogme , ils ont bien compris que s'ils s'avisaient

de dire « la souveraineté de la population générale, au lieu de la souveraineté du peuple », le
gros bon sens de la multitude seule ferait justice
de cette dotation, et la répudierait; car la multitude comprend très-bien les idées simples, et
rejette par acclamation celles qui sont absurdes; or, très-certainement la multitude ne pourrait comprendre comment toute la population
exercerait la souveraineté : car, dans ce cas, à
qui commanderait-elle ? à elle-même sans doute,
puisque, hors d'elle-même, il n'y aurait point
de sujets : or, se commander pour s'obéir à soi-
même, est une de ces prétentions si absurdes,
qu'un docteur en souveraineté du peuple se ferait siffler jusque dans les carrefours, s'il s'avisait d'expliquer nettement sa doctrine, et s'il en-
treprenait de démontrer que commander à soi-
même et obéir à soi-même, est un droit de quelque importance.

Les docteurs nieront-ils que la souveraineté
du peuple doive s'entendre de la population générale ? Ils oublieraient que ce dogme se lie à
celui-ci : « *les hommes naissent libres et égaux
en droits.*

Diront-ils que dans l'exercice de la souveraineté, la majorité commanderait à la minorité ?
Comment se formerait cette majorité ? Par le
nombre de voix sans doute ; mais aucune voix ne

devrait naturellement être exclue ; il faudrait les
compter toutes ; celles des enfans comme des
vieillards; des filles, comme des garçons ; des
femmes, comme des hommes, puisque *tous naissent libres et égaux en droits....* Or, je le demande,
est-il bien sûr qu'une minorité composée des
hommes adultes, voulût obéir à une majorité
composée d'enfans, de femmes et de vieillards ?
En vérité, quand on sonde le dogme de la souveraineté de tous, on éprouve le plus profond
dégoût à s'en occuper, tant il renferme d'ab-
surdités !

Les docteurs, diront-ils encore une fois, que
par le peuple ils n'entendent pas la population
générale, mais en ce cas ils se proclameront les
contempteurs de leurs propres doctrines, car *si
les hommes naissent libres et égaux en droits,* à
quel titre, sous quel prétexte oseraient-ils dépouiller un seul individu de sa participation à
l'exercice d'un droit qu'il tient de la nature ?
Cette exclusion serait arbitraire et tyrannique ;
ainsi les docteurs, pour être conséquens, ne
peuvent pas sortir la souveraineté du cercle de
la généralité des individus ; et nous avons fait
voir que celle-ci ne pourrait exercer sa souveraineté faute de sujets, ou faute de moyens pour
obtenir une majorité capable de se faire obéir.

Le peuple Romain était un peuple roi, un peu-

ple souverain , et les loix et les aigles romaines
étaient également couronnées par ces mots :

Senatus populusque romanus.

Est-ce par allusion , par analogie, que les sophistes modernes ont voulu déférer à tous les
peuples la souveraineté? Mais le peuple romain
était circonscrit dans un cens assez limité, et dans
les principes des révolutionnaires, ce cens, cette
classe de citoyens qualifiée peuple, avait évidemment usurpé la souveraineté sur la population générale, puisqu'elle tenait sous sa domination des
esclaves dépouillés arbitrairement de leurs droits
naturels, imprescriptibles et inaliénables, de légitimes souverains abusivement detrônés. Ce ne
peut pas être de ce peuple-roi, de ce peuple usurpateur que les doctrinaires entendent parler ;
cette acception serait toute contraire à leurs principes d'égalité des Droits ; ils seraient en contradiction manifeste avec eux mêmes , et la première obligation des hommes qui se présentent
comme les réformateurs de la société , c'est
d'être conséquens dans leurs principes ; car le
propre d'un principe, d'une vérité de premier ordre est de ne produire que des conséquences ana-
logues, jusques à épuisement de toutes les combinaisons qui en découlent.

Que si les doctrinaires veulent introduire des

exceptions à l'exercice de la souveraineté de tous, sous le prétexte que cet exercice est impossible, il faut traiter les doctrinaires comme des jongleurs et des charlatans qui débitent des maximes inintelligibles ou contradictoires. Il faut leur demander qu'ils justifient de leurs droits à faire les exceptions qu'ils prétendraient introduire; évidemment ils n'en peuvent avoir aucun, et la population générale a droit au contraire de les traiter comme des usurpateurs. En effet, si les doctrinaires avaient la prétention de classer, de leur propre autorité, les individus composant la population, d'assurer aux uns des priviléges, aux autres des charges, ils seraient évidemment des factieux usurpant la souveraineté de tous pour en investir ou en dépouiller arbitrairement les uns et les autres contre le vœu de la nature. Ce serait de la part des doctrinaires un véritable crime de leze-souveraineté du peuple, selon leurs propres principes, que de priver un homme quelconque de son droit à l'exercice de la souveraineté; droit encore une fois, selon eux, inaliénable, imprescriptible et sacré.

Je ne sais si je me suis fait entendre , mais il me semble que je n'ai employé contre les publicistes révolutionnaires que des argumens puisés dans leurs propres dogmes; ce n'est pas ma faute si ces dogmes poussés dans leurs dernières conséquences aboutissent à l'absurde; cela prouve invinciblement que les dogmes qui conduisent à de pareilles conséquences sont eux-mêmes absurdes, et que ceux qui les propagent sont ou de mauvaise foi, ou des rhéteurs inconséquens qui ne se comprennent pas eux-mêmes.

Maintenant que justice est, ce me semble, faite de la souveraineté du *peuple* envisagé comme *population générale*, examinons un peu son application à une minorité choisie dans la masse, et investie du droit d'exercer la souveraineté ou de la déléguer.

Dans la langue des révolutionnaires, il est assez difficile de comprendre comment, sans violer les droits qu'elle tient de la nature, la généralité de la population pourrait transmettre à une classe choisie, cet exercice; car si les droits naturels sont inaliénables, imprescriptibles et sacrés, il est impossible de les aliéner; ainsi, nous voilà tombés dans un cercle vicieux; mais enfin sortons en par un fait, et en violant le droit supposons que la population générale a eu celui de transmettre, à une fraction choisie, l'exercice de la souveraineté, ou la faculté de la déléguer.

Si la population générale a déféré à cette fraction l'exercice positif de la souveraineté, cette fraction en est bien légitimement investie et peut l'exercer; alors, le mandat a été *général* et limité à la seule condition *sous-en-tendue* que l'exercice de la souveraineté, par cette fraction, ne serait ni tyrannique ni arbitraire.

Mais si la population générale n'a déféré, à la fraction choisie, que le droit de déléguer elle-même, l'exercice de la souveraineté, en concentrant davantage son action, ce mandat n'a pu être évidemment qu'un mandat *spécial et momentané* pour le choix particulier de la forme du gouvernement

Dans la première hypothèse, on voit naître la démocratie de Sparte, d'Athènes, de Rome, etc.

Dans la deuxième, l'oligarchie ou la monarchie. Mais dans cette deuxième hypothèse, une fois le choix de la forme du gouvernement arrêté, le mandat spécial pour son établissement a dû cesser de plein droit.

Dans cet état de choses, il ne faut pas demander en qui réside la souveraineté. C'est évidemment dans la personne de celui ou de ceux qui l'exercent; mais on peut demander à qui elle appartient. Les doctrinaires diront-ils qu'elle appartient toujours à la fraction choisie entre la population générale, même après qu'elle en a délégué l'exercice?

En ce cas, les doctrinaires diront mal; car cette classe choisie entre la population générale, n'était pas à elle seule propriétaire de la souveraineté ; elle n'en avait que sa portion, comme faisant partie de la population générale ; ainsi quand, une fois, elle a, en exécution du mandat de celle-ci, délégué l'exercice de la souveraineté et déterminé une forme quelconque de gouvernement, elle ne peut plus prétendre à changer cette forme, sans un nouveau mandat de la population entière ; car celle-ci n'a pu lui concéder, qu'une seule fois, le droit de la représenter pour un objet aussi important ; il y aurait danger imminent, pour la masse de la population, à laisser, entre les mains de la minorité, le droit indéfini de détruire ou modifier capricieusement la forme du gouvernement.

En effet, ce dont la population générale a essentiellement besoin, c'est *de stabilité, de paix et de tranquillité*, afin de pouvoir vaquer à ses besoins et exercer utilement son industrie : or, si la minorité s'avisait de remettre capricieusement en question la forme du gouvernement, elle ne pourrait le faire sans donner naissance à des troubles civils plus ou moins funestes à la population générale, dont la stabilité et le repos sont un des premiers besoins. Donc, la raison, la justice, le bon sens veulent que la forme du gouvernement une fois arrêtée, cette forme demeure ir-

révocable et ne subisse que des modifications
qui n'amènent ni désordre, ni anarchie, ni confusion.

Au surplus, nous avons vu que ce n'était point
par un droit naturel, encore moins par un droit
positif, mais par un fait, que nous en étions ar-
rivés à cette combinaison, qu'une partie de la
population fût chargée de représenter la généralité, dans le besoin de fixer une forme quelconque de gouvernement.

A coup sûr, cette partie de la population générale, exerçant le droit de représentation, serait
assez embarrassée de montrer le titre primitif en
vertu duquel elle a été investie du droit de représenter toute la population; et le contrat
constitutif d'un tel droit n'existe jamais chez un
grand peuple.

Remarquons bien que, dans tous les gouvernemens du monde, la première origine du pouvoir est introuvable, faute de documens suffi-
sans et de bonnes traditions.

L'aristocratie, la monarchie absolue ou limi-
tée gouvernent le monde. La première origine
de leur établissement se perd dans l'immensité
des causes qui y ont concouru; non-seulement
elle est introuvable pour les peuples anciens,
mais encore pour les peuples les plus modernes.
Qu'une académie ouvre un prix sur cette ques-

tion : « Établir , en vertu de quels droits rigou-
» reusement justifiables , le gouvernement des
» États-Unis d'Amérique existe. » Et je parie que
la solution qui peut paraître simple au premier
aperçu , ne sera jamais tellement éclaircie d'ob-
jections, que le prix ne puisse être raisonnablement ajourné indéfiniment.

La manie de notre époque , c'est de raisonner :
parcequ'on a trouvé les moyens d'expliquer certains faits, on a poussé la prétention jusqu'à vouloir les expliquer tous. On a trouvé , ou cru
trouver les élémens constitutifs de certaines
substances mixtes, on a voulu sonder les élémens
constitutifs de l'ordre social; on a cru en trouver
le principe dans la *souveraineté du peuple*, dans
l'égalité des droits, et l'on s'est hâté de proclamer
cette belle découverte comme des vérités incon-
testables : les esprits superficiels les ont prônées
comme telles , les ignorans les ont reçues de
même ; l'esprit de fanatisme et de faction s'en
est emparé, et l'on s'est battu pour des rêveries.
— Pauvre humanité !

Nous avons cherché la définition du mot peuple ;
nous avons vu combien elle était obscure et équivoque pour les gens de la meilleure foi. Le mot
souveraineté n'est guères mieux défini , et quand
on a cru l'expliquer par celui d'autorité suprême ,
on s'aperçoit que la définition n'est guère plus

avancée. Si l'on consulte les notions de justice
gravées par Dieu même dans tous les cœurs, l'autorité suprême n'implique certainement pas l'exercice d'un pouvoir arbitraire et tyrannique; mais
seulement le droit de gouverner par des lois générales, et de maintenir la société en repos, en faisant exécuter ces lois avec justice et impartialité.

Cependant, qui sera juge de la manière dont
la souveraineté est exercée par les gouvernans ?
En droit c'est une question insoluble; car, pour
la décider, il faudrait mettre en jeu l'autorité de
la population générale, et le remède serait pire
que le mal; cette question rentre dans la classe
de celles, je ne dirai pas, qui se jugent, mais
qui se décident par des faits; or, il y a mille
exemples où les faits ont décidé la question contre le vœu de la Justice. Mais la condition de
l'homme n'est pas, dans ce monde, d'atteindre
toujours la souveraine Justice ; encore moins le
souverain bien : sa condition est une vie mélan-
gée de bien et de mal ; jouir de l'un, supporter
l'autre , tant qu'il n'excède pas ses forces, voilà
son lot : sa confiance dans un meilleur avenir
qui sera conforme à la souveraine Justice dont
il éprouve le besoin, voilà sa consolation. Ce
sentiment de confiance est dans le cœur de tout
homme non dépravé, et c'est le fondement de
la Religion.

Au surplus les besoins de la société, l'intérêt bien entendu des gouvernans font, à la longue, établir les lois les plus favorables à la prospérité commune; et quand, une fois, ces lois ont acquis la sanction du temps, elles forment des liens fondamentaux, que les peuples ni les gouvernans n'osent briser, et qui préviennent généralement l'injustice et l'arbitraire. Mais l'expérience a prouvé que l'arbitraire et l'injustice n'exercent jamais plus de violence, que sous l'empire des commotions civiles et des révolutions, pendant lesquelles la population en masse prend part à la souveraineté. C'est que la souveraineté est *un besoin* de la société, que celle-ci ne peut satisfaire en exerçant elle-même l'autorité ; car l'autorité ne peut être impartiale et efficace qu'en raison de sa plus grande concentration.

Toutes les fois qu'un peuple est gouverné avec justice, il importe assez peu quelle soit la forme de son Gouvernement : mais l'expérience ayant démontré qu'il y a des formes de Gouvernement plus favorables que d'autres à la stabilité de l'ordre social et à l'administration impartiale de la justice, telles que la monarchie, par exemple, les hommes qui ont le bonheur de se trouver réunis sous cette forme de gouvernement, doivent s'en réjouir, et se garder de mettre en question l'origine de ce Gouvernement, et son droit à son existence actuelle, sous peine de replacer la population générale dans la nécessité de se mêler de la question, circonstance qui amène toujours avec elle la violence, le désordre, et quelquefois la dissolution complète de l'ordre social.

Telle a été la faute de l'assemblée soi-disant constituante. Certainement les députés aux États-généraux n'avaient pas reçu, de la population générale, le mandat de refaire le gouvernement. C'est une initiative qu'ils se donnèrent; c'est une usurpation positive qu'ils exercèrent sur la généralité des Français ; et qu'on ne dise pas qu'après avoir pris cette initiative, ils la firent sanctionner par le peuple : ce serait une excuse dérisoire ; la population générale étant dans l'impuissance d'exprimer *sciemment* et *légalement* aucune opinion sur le mérite ou le tort d'un tel fait. Combien au surplus cette assemblée ne fut-elle pas inconséquente ? elle prétendit qu'elle représentait le peuple, c'est-à-dire la population générale, et, de son chef, elle divisa ce peuple en citoyens actifs et inactifs, sous les rapports politiques; aux premiers, elle accorda le droit d'élire ; aux autres elle l'enleva ; et cependant elle fit précéder sa constitution *d'une déclaration* qui consacrait les dogmes *de la souveraineté du peuple et de l'égalité des droits.* O inconséquence ! Que dans le moment d'une ré-

volution qui tournait toutes les têtes, on n'ait
pas senti l'absurdité de ces dogmes et de ces
actes si contradictoires, cela se conçoit : on était
dans le délire d'une fièvre morale, et, dans le délire, on ne sent rien. Mais que, depuis cette rude
et sanglante épreuve, le vice de ces dogmes n'ait
pas été universellement réprouvé ; que l'esprit
de ces dogmes ait survécu aux plus éclatantes
catastrophes, qu'il revive aujourd'hui, et que
des êtres pensans viennent encore nous donner
l'égalité originelle des hommes et la souveraineté du peuple, comme des doctrines génératrices
du meilleur système social, c'est là vraiment ce
qui confond l'imagination : passe encore, lorsqu'elles n'étaient qu'un sujet de discussion théo-
rique, parmi les oisifs, et qu'elles ne présentaient
d'autres conséquences que des questions indifférentes, qui peuvent innocemment occuper les
esprits et faire briller l'imagination des contro-
versistes. Mais nous n'en sommes pas là : il y a
des fous sérieux qui n'entendent pas raillerie, qui
sont aussi entêtés sur ces dogmes que sur les vérités les mieux démontrées, et qui mettraient l'u-
nivers entier dans le creuset de leur expérience,
s'ils en étaient les maîtres.

Les idées d'égalité et de souveraineté du peuple flattent tellement les passions et l'ignorance
de la multitude, que les factieux ont beau jeu

pour les faire accueillir. Moins ces idées sont nettes, plus elles sont obscures, plus les esprits sont disposés à feindre qu'ils les comprennent et à les défendre avec entêtement : voilà pourquoi non-seulement elles sont propagées par les factieux, mais par des rhéteurs systématiques, assumant la qualité de philosophes. Ces derniers n'ont pas la prétention de renverser les Gouvernemens ; tout au plus aspirent-ils à y jouer un rôle ! Mais ils sont possédés de l'ambition de faire des disciples ; et plus le nombre en est grand, plus leur vanité se trouve satisfaite ; c'est une sorte de souveraineté dont eux seuls connaissent tout le charme, et qui flatte plus leur orgueil que les hommages des courtisans ne flattent les rois.

Cette soumission volontaire et passive d'un grand nombre de disciples peut être considérée, en effet, comme une preuve irréfragable de l'éminente supériorité du *maître* ; celui-ci jouit de sa domination avec d'autant plus de délices, qu'elle semble s'étendre sur l'élite de la société, et affranchie de toute violence. Dans la masse de ses lecteurs, il voit autant de sujets dociles ; il n'emploie pas de gardes pour forcer leur obéissance, les sophismes lui en tiennent lieu ; possédant avec habileté l'art de s'en servir, il fait illusion à tout le monde, même aux esprits droits qu'il réduit au silence, par la difficulté qu'ils trouveraient à le suivre dans ses détours, pour l'y surprendre et le terrasser ; d'ailleurs, la captation de la multitude une fois opérée, tout raisonnement devient inutile, l'engoûment général repousse l'évidence même ; ainsi, la prudence des uns, la paresse, l'ignorance et la légéreté des autres, lui soumettent la raison et le cœur d'une foule de disciples. Tyran de leurs pensées, il les traîne orgueilleusemeut à sa suite, et ils sont d'autant plus fiers de leur esclavage, qu'ils se croient placés sur la même ligne que lui, parce qu'ils l'accompagnent comme des aveugles, et sonnent ses trompettes.

A son exemple, ils affichent le mépris des anciennes lois, des principes sanctionnés par les âges, et par l'assentiment de tous les peuples ; ils préconisent comme des oracles les préjugés qu'il leur inculque ; ils affectent des prétentions à l'indépendance, et ils n'osent pas même se servir de leur propre raison pour juger les doctrines de leur *maître* ; ils la lui sacrifient sans réserve, et croiraient commettre un blasphême, s'ils se permettaient de soumettre ses prétendus axiomes au plus léger doute, au moindre examen. Alors le *maître* orgueilleux triomphe ; il dicte ses arrêts, il devient l'objet d'une sorte de culte public, et se délecte dans ses jouissances, *en riant tout bas de la folie de ses adorateurs.*

Tel dut être J.-J. Rousseau : car il avait trop d'esprit pour ne pas avoir la conscience de la fausseté de ses paradoxes. Mais l'expérience ne les avait point alors fait apprécier; ils ne pouvaient être bien réfutés que par lui-même, et il se garda bien de renverser le tréteau dont son talent lui avait fait un autel.

Sa mort, ni les épreuves sanglantes de la révolution, n'ont point encore affaibli sensiblement son empire; et ses dogmes de *l'égalité primitive des hommes* et de la *souveraineté du peuple* ont encore une foule immense de sectateurs attachés au char de sa réputation.

Cette foule se compose :

1° De jeunes gens pleins d'honneur et de droiture naturelle, d'autant mieux séduits qu'ils ont plus de générosité dans le cœur, et qu'ils aspirent à un mieux idéal, dont ils croient apercevoir le type dans ses rêveries. Cette classe peut être facilement ramenée : l'expérience et le raisonnement ont tout empire sur elle;

2° De fanatiques ignorans, entêtés, incurables qui souffriraient le martyre pour rendre témoignage aux prétendus oracles du *maître;*

3° D'hommes adroits, ambitieux, qui veulent

tirer parti de l'esprit des docirines dont ils se montrent infatués, et qui les propagent avec ardeur.

Ces hommes s'intitulent *philosophes*, et professent, sous ce titre pompeux, le puritanisme révolutionnaire.

C'est cet esprit qui travaille ouvertement aujourd'hui l'Espagne, le Portugal, et sourdement bien d'autres États.

Si tous les gens de bon sens, si tous les gens de bien, *si les gouvernemens* ne s'unissent pas pour leur arracher les armes des mains, pour frapper d'"une juste réprobation leurs doctrines insensées, l'Europe est menacée d'une dissolution complète. On aura beau dire en France que la révolution est finie; tant que ces doctrines y seront tolérées, tant qu'elles séduiront les jeunes gens, naturellement confians et irréfléchis, la société toute entière ne sera qu'un volcan plein de matières sulfureuses susceptibles de nouvelles éruptions.

Or, non seulement elles ont été tolérées ces doctrines, mais elles ont été encouragées, dans la personne de leurs plus zélés partisans, par des places, par des honneurs : au contraire, les ennemis de ces doctrines ont été signalés, à la haine de leurs concitoyens, sous les qualifications les plus odieuses; ils ont été écartés des fonctions publiques, et condamnés à une sorte d'ilotisme. Les ministres de la monarchie française, à peine replacée sur ses fondemens, n'ont pas craint d'afficher leur prédilection pour les uns, leur aversion pour les autres.

A peine, quand ils se sont trouvés trop vivement poussés par les partisans de la Révolution et qu'ils ont pu craindre de se voir décidément dépossédés par eux, ont-ils essayé de garder une honteuse neutralité ; ils ont semblé reconnaître la légitimité des prétentions révolutionnaires, et vouloir seulement composer avec elles, de manière à se conserver l'exercice du pouvoir : alors les doctrinaires indignés ont gourmandé les ministres avec une hauteur arrogante ; un de leurs coryphées, M. Guizot, partant de ce principe que la Révolution non-seulement était légitime en fait, mais légitime en droit, a consacré 379 pages à déclamer contre l'ancien régime, à prôner l'excellence de la Révolution, et il a affecté la prétention d'en organiser le Gouvernement.

CHAPITRE IV.

PREMIÈRE SECTION.

Réponse à M. Guizot.

Il faut rendre justice à M. Guizot : il ne croit point à l'Évangile révolutionnaire. Il apprécie à sa juste valeur la souveraineté du peuple (1), il convient qu'elle n'a été qu'un prétexte de révolution; il est également bien convaincu de l'absurdité du dogme de l'égalité des droits; on voit qu'il s'accommoderait très-bien des supériorités sociales, si elles pouvaient commencer seulement de l'époque où il a paru sur la scène, et se fixer sur lui et ses amis (2) : au fait, M. Guizot est fort incertain dans sa foi politique, si ce n'est qu'il veut le pouvoir, avec lequel il espère, sans calculer les difficultés, allier tous les contraires; savoir :

» Professer publiquement respect à la souve-
» raineté du peuple, et tenir le peuple dans la
» dépendance ;

» Reconnaître en principe l'égalité de droits,
» et fonder une aristocratie dont lui et ses amis
» seront la souche. »

---

(1) Page 143 et 144.

(2) Page 156 et 157.

Je ne sais pas jusqu'à quel point les frères et amis s'accommoderaient de cette manière de mettre en pratique la théorie; mais je crois être bien sûr que M. Guizot serait réduit à renier nettement les doctrines révolutionnaires, ou à quitter le pouvoir, car il mourrait bientôt à la peine en s'efforçant de les concilier.

Torturé par les conséquences des mauvaises théories de son parti, il a cru devoir en traduire le *Credo* en ces termes (1) :

« Aucun artifice ne doit gêner, dans l'ordre
» social, le *mouvement d'ascension* ou de *déca-*
» *dence* des individus ; *les supériorités naturelles,*
» *les préeminences sociales* ne doivent recevoir
» *de la Loi aucun appui factice* ; les citoyens
» doivent être livrés à leur propre mérite, à
» leurs propres forces ; il faut que chacun puisse
» par lui-même devenir tout ce qu'il peut être, et
» ne rencontre dans les institutions sociales, ni
» obstacle qui l'empêche de s'élever, ni secours
» qui le fixe dans une situation supérieure, s'il
» ne sait pas s'y maintenir.

» Voilà, dit-il, en fait d'égalité, toute la pen-
» sée publique; elle va jusque là et pas plus loin. »

Mais il me semble qu'il est difficile de reculer la limite, et que la pensée publique puisse aller

(1) Page 157.

au-delà, à moins qu'elle ne prétende prescrire la
violence, pour arrêter l'élan des supériorités naturelles, et qu'elle n'ordonne de bâillonner et gar-
rotter les individus portés par un mouvement
progressif d'ascension, de crainte que leurs supériorités ne deviennent trop accablantes pour les
médiocrités !

En vérité, je ne puis reconnaître aucune espèce de modération dans le cercle immense de
la pensée publique, telle que l'a traduite M. Guizot. Au reste, toutes ces belles sentences ne sont
au fond qu'un parlage redondant ; elles ne couvrent que des réticences ; et plus on cherhe à pénétrer le fonds de la propre pensée de M. Guizot,
moins on y trouve de vérité, de justesse et d'o-
pinion positive : lui-même a trop d'esprit pour
employer ce jargon, autrement que comme un
argot de parti.

M. Guizot craint d'effrayer les médiocrités, et
veut les rassurer à tout prix ; il semble prendre
avec elles, l'engagement que le gouvernement,
dont il rêve l'existence, et dont il demande la
direction, pour lui et ses amis, sera constamment aux aguêts, sinon pour arrêter l'élan des
supériorités naturelles, et contenir les prééminences sociales, au moins pour ne leur prêter
ni *appui* ni *secours*. La belle occupation, et
combien les médiocrités méritent cette tendre

4

sollicitude de la part d'un gouvernement! Que ces moyens sont favorables au développement de la vie morale des peuples! Qu'il y a de profondeur et de sagesse dans cette combinaison! Plus de vanité blessée, plus d'amour - propre froissé; mais, en revanche, que d'émulation sociale, que de travaux pour acquérir la considération publique quand elle sera si fugitive; que de dévouement pour fixer sa mobilité! c'est *en morale* la solution du problême de la loi agraire.

En effet, toutes les conditions exprimées dans la formule imaginée par M. Guizot, pour arrêter ou neutraliser les supériorités morales, suffiraient certainement pour amener promptement le nivellement des fortunes; heureuse situation, où l'aspect de l'opulence ne ferait plus un affligeant contraste avec celui de la misère; où l'égalité parfaite entretiendrait une harmonie constante dans la société, sans aucun mélange de ces vices, de ces passions honteuses ou cruelles d'envie, de convoitise, de haine, de vols, de meurtres, etc. Ah! que les peuples seraient heureux, s'ils avaient pour gouvernans les hommes de la nouvelle France, et à la tête, M. Guizot, organe si parfait de toute la pensée publique!

Que l'on n'imagine pas qu'il y ait ici la moindre exagération de ma part, relativement à la pensée publique exprimée par M. Guizot! Car j'articule et mets en fait, que si *la loi cessait de prêter appui* et *secours* aux fortunes matérielles, comme M. Guizot entend qu'elle refuse appui et secours *aux fortunes morales*, il n'y aurait bientôt plus, dans la société, ni supériorités matérielles, ni supériorités morales; et le problème de la loi agraire serait résolu complétement par la dissolution sociale.

Ce sujet va m'entraîner plus loin que je ne voulais; il me conduit à aborder une question dont l'exposition seule fait grincer les dents des vaniteux disciples du libéralisme : je veux parler de la tradition des honneurs des pères aux enfans.

A entendre les libéraux, cette tradition est le comble de l'absurdité; et véritablement, si l'on descendait avec eux, sur le terrein idéal où ils veulent toujours vous conduire, *l'état de nature;* terrein sur lequel ils combattent avec leur chimère d'égalité primitive et de souveraineté du peuple, on serait forcé de leur accorder toutes leurs assertions ; mais qu'ils reviennent au positif, *à l'ordre social;* et ils verront que, dans cet ordre, quiconque en veut sincèrement la conservation, doit reconnaître que la *Propriété seule peut en maintenir la stabilité;* que, hors la propriété, l'ordre social tombe, faute de lien, en dissolution.

Or la propriété se compose non-seulement de biens acquis personnellement, mais encore de biens reçus héréditairement.

4..

Celui qui reçoit héréditairement une propriété matérielle, *bien qu'il n'ait rien fait pour l'acquérir, et que le hazard seul de la naissance la lui ait conférée*, en jouit cependant, sous la protection de la loi, comme s'il eût employé sa vie entière à la créer; personne n'y trouve à redire.

Cependant, entre denx hommes, l'un s'occupe de lui exclusivement; il emploie toute son énergie, toute son industrie, toute son activité à accumuler dans son unique intérêt, et *par toutes les voies imaginables*, de l'or, de l'argent, des pierres précieuses, des terres, etc. il en jouit sa vie durant, et transmet le tout à son héritier qui lui succède dans cette jouissance, en conservant cette fortune, *s'il est rangé;* en la dissipant, *s'il ne l'est pas.*

L'autre au contraire néglige ses intérêts personnels; il entre dans la carrière publique; il y mange son patrimoine, s'il en a, ou ne s'en fait point; mais il se distingue par des talens supérieurs ou seulement utiles; il mérite la considération, et le prince croit devoir, comme organe de la reconnaissance publique, lui conférer, en dédommagement de sa peine et de ses travaux, un titre honorifique; c'est là toute sa fortune; voilà *sa propriété;* et nul ne peut dire, qu'entre ces deux hommes, le dernier ne l'ait acquise par de bonnes voies.

Où donc est l'absurdité, que cet homme transmette à son héritier, *cette propriété*, cette fortune morale, et que cet héritier en jouisse aux mêmes conditions que l'héritier de l'autre ; c'est à dire, en la conservant, *s'il est honorable*, comme l'autre la conserve *s'il n'est pas un dissipateur?*

Quoi, vous êtes dans l'ordre social, vous prétendez concourir à son développement moral, et vous ne voulez protéger que les fortunes matérielles! Vous vous refusez à fixer les honneurs, les prééminences, même sur ceux qui les ont acquises en servant la société ; vous ne voulez pas que la loi leur prête ni secours, ni appui, de peur de blesser les vanités, les médiocrités, et vous consentez à ce que la loi fixe non seulement les richesses entre les mains de ceux qui les auront acquises, *n'importe par quelle voie*, mais qu'elle en protège la transmission! Combien l'esprit de parti rend aveugle, et qu'il faut plaindre les hommes assez superficiels, assez pusillanimes pour transiger ainsi avec toutes les vanités, avec toutes les médiocrités, dans la folle espérance de s'élever au dessus d'elles et de les diriger !

Dites-moi, messieurs les Doctrinaires qui montrez une si tendre sollicitude pour les vanités individuelles, croyez-vous que *la fierté des pauvres* ne soit pas blessée *par l'aspect des ri-*

ches ? Cependant, dans l'intérêt de la société, vous permettez à ceux qui ont acquis des *ri-chesses*, d'en jouir, et de les transmettre à leurs héritiers *qui n'ont rien fait pour les acquérir.* Pourquoi donc n'y aurait-il pas, dans l'intérêt de la société, des *héritages d'honneurs* comme *des héritages matériels ?* Pourquoi donc la loi ne protégerait-elle pas, dans la personne des enfans d'un fidèle serviteur de l'État, la tradition des honneurs acquis par leur père ?

Qu'on ne s'y trompe pas; hors les temps de révolution, l'homme qui se dévoue au service public augmente rarement sa fortune, et s'il n'y gagne que de stériles honneurs, c'est bien le moins que sa famille en recueille la tradition. Tout ce que la justice commande, c'est de ne fermer à aucune famille la carrière des honneurs, et quand une institution sagement com-binée aura satisfait à ce devoir de la justice, la société ne pourra que s'améliorer sous cette in-fluence.

Je reviens à M. Guizot; les lecteurs judicieux qui ont lu son ouvrage avec quelque attention, ne s'attendent pas sans doute que je veuille le suivre dans toutes ses évolutions. M. Gui-zot est trop agile, l'espace est trop grand, son point de départ est trop incertain; mon esprit s'est plus d'une fois lassé de le suivre

dans ses détours, et après m'être épuisé à sa
poursuite, j'ai vu que je n'y avais rien gagné que
des aperçus d'imagination, parce que, dans toute
sa route, il n'a semé que des combinaisons vagues, beaucoup de sentences ambitieuses, et si
j'ose le dire, quelquefois niaises, comme celle-ci
par exemple : « Nul ministère n'est jamais tombé
» que devant ses successeurs. (1) » Sentence qui
n'apprend probablement rien à personne; enfin
quand j'ai eu péniblement achevé la lecture de
son ouvrage, j'ai vu que son point d'arrivée n'é-
tait encore, pour le public, qu'un point de départ;
que la route du gouvernement n'en restait pas
moins à faire; que seulement M. Guizot proposait pour l'entreprendre, de le choisir pour directeur lui ou ses amis; et qu'il avait même des
amis qui ne se souciaient point du tout de gouverner; répugnance qu'il gourmande assez sérieusement, pour faire croire qu'elle est réelle, quoi,
que peu de gens soient tentés de la soupçonner
telle. M. Guizot a consacré particulièrement dix
pages (2), à prouver à ses amis « qu'ils avaient tort
» de mépriser le pouvoir, qu'il fallait non-seule-
» ment l'accepter, mais le saisir; que dominer était
» le premier, le plus pressant intérêt de toute opi-

---

(1) Page 329.
(2) De 320 à 330.

» nion, de tout parti », on voit que M. Guizot a fait en politique des découvertes toutes neuves, et ses amis doivent lui tenir bon compte de si importantes leçons!

Au reste, M. Guizot est tellement prodigue d'arrêts prononcés magistralement, que s'il me fallait en discuter méthodiquement la justesse, vingt volumes ne suffiraient pas à cette recherche approfondie ; je me bornerai donc à l'examen de ceux qui me paraissent avoir une importance décisive.

L'ancien régime et *la France nouvelle* figurent dans l'ouvrage de M. Guizot comme des adversaires qui se disputent le pouvoir ; j'ai ouï dire que dans un ouvrage précédent, M. Guizot avait trouvé des *Francs* et des *Gaulois*, luttant pour la même cause ; c'est toujours la même idée reproduite sous de nouveaux noms ; j'avais négligé de lire le premier ouvrage, la lecture de celui-ci m'a semblé pouvoir m'en dispenser ; car peu importe le nom, sous lequel les contendans se présentent, si c'est toujours sous les mêmes enseignes et pour la même cause ; *les Francs* et *les Gaulois*, *l'ancien régime* et *la France nouvelle*, *la révolution* et *la contre révolution*, toutes ces dénominations couvrent évidemment les mêmes intérêts en opposition. M. Guizot est le défenseur de la *révolution* ; je crois avoir déjà fait justice de ses dogmes favoris ; il se porte le *détracteur* de *l'ancien régime* ; je m'en porte *l'apologiste.* C'est aux yeux des libéraux une tâche, qui semble d'autant plus impossible à remplir, que mon adversaire est célèbre dans la carrière des lettres ; cependant j'entre dans l'arène avec confiance ; persuadé que je n'ai à combattre que des préjugés ou des erreurs brillantées d'esprit ; or le seul adversaire qui me semble redoutable, c'est la vérité ; là où je ne la vois point contre moi, je ne vois que de vains fantômes ; alors les noms, les réputations ne m'en imposent pas plus qu'une femme surchargée d'ornemens ; mon imagination écarte le luxe des atours, et ne tient compte que des formes naturelles , parce qu'il n'y a que cela de vrai dans la femme la plus élégamment parée : les rhéteurs, les modistes me sont également odieux, quand ils appliquent leur art à embellir les difformités de l'esprit ou du corps ; je voudrais qu'il y eût un jury chargé de leur appliquer une juste amende pour les déceptions morales et physiques dont ils sont les fauteurs.

Cette disposition naturelle m'a fait écarter tout le luxe de parlage de M. Guizot, pour ne voir, dans son ouvrage, que deux propositions fortement affirmées.

1°. « Le vice radical de *l'ancien régime* est le

» mensonge, et la *révolution* doit écraser le
» monstre ;

  2°. » Les hommes de la *France nouvelle*,
» c'est-à-dire de la *révolution* sont seuls aptes
» à gouverner ; ainsi la monarchie doit faire al-
» liance avec eux sous peine de naufrage. »

  Voilà, en substance positive, tout ce que j'ai
trouvé dans l'ouvrage de M. Guizot ; j'examinerai
plus loin la justesse de ces propositions ; préa-
lablement je dois dire un mot sur la *contre-ré-*
volution que M. Guizot signale comme l'enne-
mie la plus épouvantable de la France actuelle ;
ce mot est si effrayant, il a été environné d'images
si odieuses, que les enfans ont appris à trembler
en l'entendant prononcer ; c'est ainsi qu'on leur
fait peur des loups-garoux ; mais, peu à peu, en
grandissant ils se rassurent, et finissent par rire
de l'objet de leur frayeur ; les Français grandis-
sent chaque jour, il y a donc espoir qu'ils se ras-
sureront.

  En prenant à la lettre le mot de *contre-révo-*
lution, je conçois cependant tout ce qu'il doit
imprimer de terreur dans les esprits prévenus.
Car la *révolution* ayant été la cause d'un débordement de crimes inouis dans les annales de la
France, les personnes irréfléchies pourraient
croire que, pour faire la *contre-révolution*, il ne
faut pas moins que remonter le fleuve de sang

que nous avons descendu, méconnaître tous les sentimens de l'humanité, confisquer, proscrire, emprisonner, égorger les amis de la révolution; rien de tout cela! Il ne faut pas ôter un cheveu à personne, il ne faut dépouiller personne des propriétés acquises sous la garantie des gouvernemens, de fait ou de droit; il ne faut que respecter la Charte, mais il faut apprendre à lire dans la Charte, et il faut reconnaître qu'elle n'est autre chose qu'une protestation solennelle contre les doctrines de la révolution : autrement dit, que c'est en principe, une déclaration formelle et positive de *contre-révolution* ; il faut reconnaître que cette déclaration était nécessaire, indispensable au rétablissement de l'ordre, et même des libertés publiques, étouffées par trente ans de despotisme populaire ou militaire; que la France ne sera parfaitement tranquille et heureuse que lorsque la Charte aura reçu son complément d'application, par des institutions intermédiaires, et lorsque les principes de la révolution auront été remplacées par les principes opposés qui sont les fondemens durables des sociétés, autant que les principes révolutionnaires sont des élémens de désordre, d'anarchie et de dissolution.

Nous avons démontré l'absurdité des principes révolutionnaires ; il nous reste à faire l'examen

de cet *ancien régime* si odieux à M. Guizot.
Voyons ce qu'il avait de bon et de mauvais en
soi, s'il mérite l'anathême prononcé avec tant d'a-
mertume par le docteur publiciste, si décidément enfin, il faut sur sa parole, poursuivre sa
proscription absolue et le mettre, comme il le dit,
hors de cause, cet-à-dire, hors la charte où le
Roi a bien voulu cependant lui assigner un rang,
soit par l'institution de la Chambre des Pairs,
soit par la conservation de la noblesse.

DEUXIÈME SECTION.

Examen de la première proposition de M. Guizot.

Le vice radical de l'ancien régime est le mensonge, dit M. Guizot. Cela n'est pas poli pour l'*ancien régime*, mais si cela ne porte que sur un mot
sans définition, si cela ne s'applique à personne,
personne n'a le droit de s'en offenser. Qu'est-ce que
l'*ancien régime?* M. Guizot se garde bien de le dire;
le vague convient à son système, et chacun est
libre de l'entendre comme il voudra. Mais quand
on se fait le régent d'un peuple, chacun a le droit
de demander au professeur de parler nettement
et de définir ses termes : or y a-t-il rien de moins
net, de moins clair, de moins défini que cet être
moral qualifié d'*ancien régime ?* De quelle an-

cienneté parle M. Guizot? est-ce encore des Francs pesant de tout le poids de la conquête sur les Gaulois? Mais nous sommes bien loin de ce temps, et il n'est bon à rappeler que pour satisfaire la curiosité des philosophes qui veulent connaître les mœurs antiques. Est-ce du régime des xv° et xvi° siècles? Il y aurait plus que de l'inconvenance. Est-ce de la fin du xviii°. siècle? Probablement c'est de cet ancien régime-là qu'il est question. — Eh bien, soit, examinons l'allure du régime de 1788, et voyons ce qu'il y avait de faux et de mensonger dans cette allure!

Je vois qu'à cette époque les rangs étaient plutôt assignés aux personnes par les lois, que les personnes n'étaient jalouses de s'y tenir; les premières familles, les familles les plus illustrées s'alliaient tous les jours aux plébéiens, et les plébéiens n'entraient, peut-être, qu'avec trop de facilité dans les rangs de la noblesse; car ils y entraient pour de l'argent, tandis qu'ils n'auraient dû y entrer que par suite d'honorables services. Il y avait des terres seigneuriales, et les propriétaires en étaient les seigneurs; mais ces propriétaires étaient indifféremment nobles ou plébéiens : nulle loi, nulle ordonnance n'empêchait un français, quelque fut sa condition, d'acheter une terre seigneuriale. Le fameux *Lionnet* qui, de tondeur de chiens sur les ponts, avait pris la qualité de médécin de chiens, et fait une grande fortune à ce métier, avait acheté la terre de Vermanton en Bourgogne, et le curé du lieu lui donnait l'encens qui était dû à sa qualité de seigneur; le parlement lui en avait maintenu le droit.

Un juif, le sieur *Benjamin Calmer*, avait acheté en 1775, à la barre du parlement de Paris, dans la succession de M. le duc de Chaulnes, le duché de Péquigny en Picardie. Une foule de droits honorifiques étaient attachés à ce duché, et le juif Benjamin Calmer en a joui, tant qu'il en est resté propriétaire; notamment, il nommait, *lui juif*, des chanoines et des curés, en sa qualité de seigneur. Enfin, les plus grandes maisons de France, qui acquéraient des biens dans la mouvance des seigneurs plébéiens, payaient à ces seigneurs les droits de lods et ventes. Y a-t-il rien de plus conforme à l'égalité des droits? Toutes les carrières étaient ouvertes à tous les Français. Un ministre de la guerre avait, à la vérité, fait rendre une ordonnance qui réservait la carrière militaire aux enfans des familles nobles; mais c'était une mesure de circonstance; une longue paix avait rendu toute mutation presque nulle parmi les officiers; il y en avait des milliers à la suite, qui servaient *sans appointemens*; il parut juste alors de réserver les places qui vaquaient si rarement, aux enfans de ceux qui s'étaient voués particulièrement au service militaire, et à qui les mœurs existantes interdisaient le trafic.

A ce mot, je vois M. Guizot prononcer anathème contre cette interdiction, et en prendre acte pour accuser l'*ancien régime* de barbarie; il n'y a pas un commis de magazin qui ne fasse chorus avec lui, et qui ne s'indigne de penser que la noblesse crût déroger en faisant le trafic que les ignorans confondent avec le commerce. C'est ici une question d'amour propre, une question délicate, par conséquent qu'il faut examiner scrupuleusement, et dont la décision appartient exclusivement à une classe désintéressée dans la cause.

Dans son acception vulgaire, il n'y a pas un marchand d'allumettes qui ne se croie commerçant; tout homme muni d'une patente, ou d'une médaille, est, dans le fond de son cœur, intimement convaincu qu'il est un membre important de ce mouvement immense qui s'appelle commerce; et comme il a entendu dire que le commerce étoit l'âme et le soutien des États, il se complaît, dans son orgueil, à penser qu'il est une partie intégrante et essentielle de la prospérité publique; cela rappelle la prétention de cet huissier qui disait à un premier président du parlement de Paris. « Enfin, monseigneur, je » fais partie du corps de la magistrature. «Oui, » lui répondit le président » comme un poil

de *ma barbe* fait partie de mon corps (1).
On pourrait en dire autant à cette tourbe im-
bécille qui crie à tue-tête que le commerce est
l'état le plus utile et le plus honorable, et qui
croit faire partie du commerce, parce qu'elle bro-
cante des marchandises, et vend en détail de
quoi faire des culottes ou des chiffons. Tous ces
gens-là se disent négocians, comme ceux qui
prennent soin de notre chaussure s'appellent ar-
tistes. Mais sont-ils négocians, sont-ils commer-
cans? non, ils sont traficans, brocanteurs et détaillans. Le banquier même qui ne fait que la ban-
que, qui se borne à spéculer sur les besoins pu-
blics, pour vendre cher son papier ou son argent,
n'est, en ce sens, qu'un traficant, dont l'industrie n'est animée que par son unique intérêt, et il
ne peut, dans la société, prétendre à plus de considération, que le changeur qui troque les espèces d'un pays, contre des espèces d'un autre,
ou contre des billets qui les représentent; ce
sont des brocanteurs, des traficans; des détaillans, et rien de plus. Ils ne sont pas autre chose,
et leur état ne mérite ni considération ni mépris.
Résultat de leurs besoins personnels, leur industrie ne se développe que relativement à eux ou à
leurs familles, et dans leur seul intérêt; là société ne leur doit rien, absolument rien; et quand

---

(1) La désignation fut, dit-on, un peu moins noble.

les acheteurs ont échangé leur argent contre leurs marchandises ou leurs papiers, ils sont respectivement quittes.

Mais, qui donc mérite le titre de négociant, de commerçant et, sous ce rapport, la considération publique ? C'est l'homme qui, doué d'une sorte de désintéressement, mais d'une résolution forte, ou d'une conception inventive, calcule les moyens d'importer dans sa patrie, ou de créer de nouveaux objets d'échange, d'industrie et de consommation ; qui hazarde à de pareilles spéculations des capitaux importans qu'il convertit en produits nationaux ou étrangers, pour les exporter ou les importer, et pour leur ouvrir de nouvelles sources, de nouveaux débouchés ; qui arme des vaisseaux à cet effet ; qui fait au besoin des avances à ses concitoyens et aux étrangers, et enrichit son pays de choses utiles, en même temps qu'il porte au-dehors celles qui surabondent dans le sien :

C'est le fabricant habile qui invente de nouveaux moyens d'industrie, qui donne à la matière de nouvelles formes, qui procure à sa patrie de nouvelles jouissances, en lui créant de nouveaux objets d'échange avec les étrangers :

C'est le capitaliste qui élève ou entretient les ateliers dans lesquels se fabriquent des objets de consommation, qui en varie les produits par

5

son goût, par son argent prodigué à propos, souvent compromis dans des expériences ruineuses, et qui finit par opérer le bien général à force de sacrifices.

Ces hommes, les seuls qui puissent se considérer comme vrais commerçans, sont très-respectables; car toutes leurs combinaisons supposent ou du génie ou de l'élévation dans l'âme, une espèce de désintéressement, enfin, un but louable et utile, et qui mérite la considération publique : mais hors de là, la cupidité, l'égoïsme aride, la mauvaise foi, l'avarice sordide, sont le plus ordinairement les qualités distinctives des trafiquans, des brocanteurs, des détaillans et des agioteurs; ces hommes ne sont pas méprisables par leur état, mais ils ne méritent pas plus de considération que le manœuvre, que le mercenaire ou l'artisan qui fait des souliers ou des habits. Aucun mouvement noble n'est nécessaire à leurs professions; ce n'est pas l'intérêt général, le desir de la considération publique, l'intérêt de la gloire qui les détermine dans le choix de leurs professions; c'est l'amour du lucre, de l'argent; c'est à l'argent seul à payer leurs travaux : la considération publique doit exclusivement s'attacher aux états qui supposent le désintéressement, ou qui sont assez peu rétribués pour que l'on ne puisse en considérer les émolumens que comme une faible indemnité du temps employé à en remplir les devoirs.

Quelques années avant la révolution, un père proposait à sa fille d'épouser un marchand. — « Tenez, papa, répondit la demoiselle, j'ai trop
» bien vu qu'on ne réussissait dans le commerce,
» qu'en vendant cher ce que l'on avait acheté
» grand marché ; qu'en surfaisant beaucoup, et
» en rançonnant le pauvre ouvrier ; je ne saurais
» jamais me prêter à rien de semblable, ni res-
» pecter celui qui s'en occupe du matin au soir ; je
» veux être honnête femme ; et comment serais-
» je fidèle à l'homme dont je ne tiendrais nul
» compte, en admettant que j'aie pu l'épouser ?
» Vendre des *diamans* ou des *petits pâtés*, me
» semble à peu près la même chose, si ce n'est que
» ces derniers ont leur prix fait, qu'on y trompe
» peut-être moins, mais qu'on se salit davantage ;
» je ne me soucie pas plus de l'un que de l'autre.
» — Crois-tu donc qu'il n'y ait point d'honnêtes
» gens dans le commerce ? — Je ne veux pas
» décider cela ; mais je suis persuadée qu'il n'y en
» a guère, et encore ces honnêtes gens-là n'ont
» point tout ce qu'il me faut dans un mari. »

Quelle est la bégueule, la pimbêche, la demoiselle à trente-six quartiers, l'archi-féodale, qui tenait un si rude langage à l'encontre des hommes faisant ce que l'on appelle le commerce ? C'était la

fille d'un petit bourgeois, d'un artiste ayant vécu
au milieu des marchands, les ayant bien étudiés;
une femme que la hache révolutionnaire a frap-
pée, mais dont les partisans de l'égalité font pro-
fession de chérir la mémoire; qu'ils sont tout
fiers d'avoir compté dans leurs rangs, lorsque les
buveurs de sang n'avaient pas encore eu l'honneur d'en être les chefs et les bourreaux; c'est
enfin madame Roland de la Platière. C'est de ses
mémoires composés à la conciergerie que j'ai tiré
la citation qui précède (1).

C'est elle qui a révélé à la société, bouleversée
à cette époque par de fausses idées d'égalité, ce
que sa position personnelle lui avait permis d'ob-
server de près; c'est elle qui, dans l'appréciation
des sentimens qu'enfante et nourrit l'esprit mer-
cantile, mettait au même rang les marchands
de toutes les classes, et plaçait même le marchand de diamans, au-dessous du marchand de
petits pâtés.

L'orgueil des écus peut se révolter contre cet
arrêt; mais madame Roland en a motivé la sévérité, et chacun peut avec la moindre réflexion,
s'il est désintéressé dans la cause, en reconnaître
la justesse. Tout le monde n'a pas des écus en quan-

<hr/>

(1) Voir le premier volume de ses OEuvres, page 173,
édition de Bidaut; an 8.

tité, et ceux qui possèdent des coffre-forts bien
garnis, lorsqu'ils les ont remplis à l'aide de professions purement lucratives, sont en général fort
durs et fort insolents. La masse des citoyens a
donc intérêt à ne pas honorer ces messieurs en
proportion de la capacité et de la plénitude de
leurs coffres; car ils ne les étendent, généralement,
en grandeur, largeur et profondeur, qu'aux dé-
pens des pauvres diables qui se vouent à des professions industrielles; aussi la société ne saurait-
elle témoigner trop d'indifference aux gueux en-
richis : toute fortune improvisée, quand elle n'a
pas pour origine la découverte d'un art, d'un
procédé nouveau, d'une mine féconde ou autre
chose analogue, est un acte d'accusation contre
celui qui la possède et n'atteste souvent qu'une
subtilité exercée au détriment de la bonne foi.

Si madame Roland avait acquis la conviction
que l'esprit d'avarice et de cupidité sont le caractère distinctif des marchands de diamants, encore
plus que des marchands de petits pâtés, pourquoi
donc n'aurait-il pas été permis à la noblesse, pé-
nétrée de la même conviction, de s'interdire le
trafic? Ce n'était pas la noblesse seule chez qui
l'on trouvait cette prévention; la bonne bour-
geoisie mettait à honneur de ne point exercer le
trafic.

Bien loin que la multitude eût dû s'offenser

de ce sentiment, elle eût dû s'en réjouir au contraire ; puisque tous les avantages de cette espèce
d'industrie lui restaient exclusivement, et qu'elle
eût dû craindre de trouver des rivaux et des
concurrens dangereux dans la classe riche et en
possessiou alors de commander plus de confiance.

C'est bien à tort que l'on a tant déclamé contre
la noblesse ; qu'on s'est armé contre elle de ses
vertus, de sa délicatesse, pour n'y voir que des
vanités, des préjugés gothiques et de l'arrogance.
On a confondu les travers de quelques fats, de
quelques individus avec les sentimens naturels à
toute corporation, à toute classe, à tout ordre
de citoyens qui veut mériter une considération
plus relevée. C'est une bonne, mais très injuste
manière, pour répandre le ridicule, que de saisir
celui de quelques étourdis et de l'imputer à
toute une caste; avec cette tactique, il n'y a pas
un état dans la société qu'on ne puisse déconsi-
dérer, quand on pousse l'injustice jusqu'à méconnaître l'esprit général d'une classe de citoyens, et
à lui imputer les extravagances de quelques-uns
de ses membres. Nous ne voulons point nier
qu'il n'y ait eu parmi la noblesse des fats, des
insolents, des hommes sans délicatesse, sans
honneur, et sans foi ; c'est un malheur commun
à toutes les classes, à toutes les corporations civiles ou religieuses ; mais encore une fois était-ce

l'esprit général de la noblesse ? Voilà la question ; qui oserait la trancher affirmativement, ne ferait que s'imprimer sur le front le cachet de la plus horrible injustice, et du plus impudent mensonge.

On a reproché à la noblesse son prétendu mépris pour le commerce : j'ai déjà suffisamment établi qu'on avait méconnu son véritable esprit, et transporté au commerce ce qui ne s'apppliquait qu'au trafic. Je crois pouvoir affirmer, qu'aucune des spéculations véritablement commerciales n'étaient considérées comme dérogeantes à la noblesse ; et que jamais armateur, ou commanditaire d'un établissement, n'a eu besoin de prendre des lettres de relief. Tous les arts dits libéraux étaient permis aux nobles sans déroger, et ces arts comprenaient toutes les professions qui tiennent à l'imagination, à l'imitation de la nature, aux conceptions habiles, aux méditations savantes ; les professions qui leur étaient interdites, c'était celles qui n'ont que l'amour du lucre pour unique objet ; et certes, c'était une idée profondément morale, que celle qui tendait à réprimer dans une classe entière, le mouvement naturel d'avarice, qui porte les individus à s'enrichir par toutes sortes de voies, et à mettre la valeur des richesses matérielles avant toutes les autres ; si ce sont là des préjugés gothiques, il faut, dans l'intérêt de la morale, de la délicatesse et de l'honneur, en déplorer la destruction.

J'ai déjà dit que les droits féodaux étaient inhérens aux terres, et non aux personnes et aux qualités de ces personnes : cette vérité plus puissante que toutes les déclamations des sophistes, aurait dû commander leur silence, si la vérité avait quelque empire sur eux.

Ceux de ces droits qui étaient des servitudes personnelles avaient été *abolis dans les terres de la Couronne;* partout des mœurs plus douces en amenaient la destruction ; une révolution n'était pas nécessaire pour précipiter ce mouvement. L'exemple donné par le Roi de France ne pouvait manquer d'être bientôt imité par les seigneurs. Quant aux droits utiles, leur abolition ne pouvait, en bonne règle, avoir lieu, sans un dédommagement préalable, et probablement le gouvernement n'eût pas tardé de faire en France, ce que le Roi de Sardaigne avait, dès 1781, fait dans ses États; il eût supprimé les droits féodaux, en accordant, comme le Roi de Sardaigne, une juste indemnité aux propriétaires.

Au surplus, qu'on ne s'y trompe pas, l'esprit révolutionnaire n'a produit aucun avantage réel au profit des vassaux des terres seigneuriales, en dépouillant les seigneurs de leurs droits utiles; au contraire, il a aggravé leur condition; il a tout

bonnement déplacé les propriétés, et transporté
au fisc les droits des seigneurs, doubles de ce que
ceux-ci les percevaient. C'est aujourd'hui le fisc
qui, sous le nom de droit d'enregistrement, est
le seigneur suzerain de tout le sol français.

Maintenant, les anciens propriétaires des terres
seigneuriales, songent-ils à recouvrer la percep-
tion des droits que le fisc s'est appropriés? Voilà
ce que M. Guizot voudrait peut-être faire croire,
mais ce qui certes est bien loin, je ne dis pas de
leurs espérances, mais de leurs pensées. Trop
heureux seraient les anciens propriétaires, non
pas des droits féodaux, mais des terres qui leur
ont été confisquées, s'ils pouvaient recevoir une
juste indemnité, en compensation de la perte de
leurs terres! Ce vœu, il ne faut point en douter,
existera dans leur cœur, jusqu'à ce qu'il soit satisfait. Mais il n'y a point de mensonge dans cette
situation; ce vœu est conforme à l'ordre, à la justice; quant à leur ancienne position, ils peuvent
sans doute désirer reprendre, dans la société, la
considération dont ils jouissaient; mais ils avaient
déjà très-bien compris, avant la révolution, que
cette considération n'était acquise qu'à ceux
d'entre eux qui la justifiaient personnellement;
et que les avantages de la naissance contri-
buaient bien à l'accroître, mais ne la donnaient
point exclusivement. M. Guizot lui-même n'a

pu se dissimuler qu'à cet égard la noblesse de province était fort avancée dans l'appréciation de ses priviléges ; qu'elle ne partageait pas les travers de quelques courtisans, et qu'elle connaissait tous les avantages des libertés publiques.

Il n'est donc pas vrai de dire que le vice radical de l'ancien régime soit le mensonge, si par ancien régime on entend les hommes qui ont souffert le plus des excès révolutionnaires ; car le mérite essentiel de ces hommes est de pouvoir montrer au doigt et à l'œil l'injustice, la barbarie de ces excès, et de demander qu'on rentre, à leur égard, dans les voies de la justice.

Après avoir montré le ridicule ou la mauvaise foi des sophistes qui se placent sur le *terrain idéal de l'état de nature*, pour y chercher des droits chimériques, pour y puiser des maximes anti-sociales ; après avoir rappelé cette vérité sacramentelle, que *la propriété, sa conservation entre les mains de ceux qui l'ont acquise, sa tradition par hérédité dans les familles* était la base et le lien de l'ordre social, et que *les propriétés morales* ne méritaient pas moins le secours et l'appui des lois que *les propriétés matérielles* ; après avoir fait ainsi l'apologie de l'ancien régime, dans les institutions qui prêtent le

plus aux déclamations des novateurs; après avoir
suffisamment démontré aux hommes sans pré-
ventions, que ces institutions fondées, selon les
sophistes, sur des préjugés gothiques, avaient au
contraire *un principe éminemment moral*; d'où
l'on pouvait conclure qu'elles avaient concouru
puissamment à la haute civilisation qui a fait l'orgueil des xviie et xviiie siècles; mes lecteurs ne
s'attendent pas sans doute que j'abuse de leur patience, et que je défende l'ancien régime sous le
rapport de tant d'autres institutions, dont la chute
est universellement regrettée par tous les hommes
qui ne sont pas fanatiques ou ignorans, institutions éminemment respectables; telles, par
exemple, que notre ancienne magistrature, avec
sa haute indépendance et son admirable désintéressement; nos administrations des pays d'État;
nos corps municipaux, exerçant dans les localités
mêmes une autorité active, économique et in-
dépendante de l'action des commis de Paris qui,
depuis la révolution, ont attiré à eux la direction
des affaires les plus minimes, et préparé l'agran-
dissement de la capitale au détriment des pro-
vinces: je crois, dis-je, inutile d'aborder cette
discussion; car les libéraux eux-mêmes sem-
blent passer condamnation sur ce sujet.

L'uniformité d'un code civil, celle des poids
et mesures, quelques amendemens dans l'ins-

truction de la procédure criminelle, une répar-
tition égale des impôts, une dotation plus libé-
rale des biens du clergé envers ses membres
inférieurs, et quelques réformes dans les ordres monastiques; voilà toutes les modifications
que l'on pouvait raisonnablement desirer dans
l'ancien régime; or, c'était, en 1788, le vœu de
tous les ordres de l'État; c'était l'expression de
tous les cahiers. Qu'y avait-il donc de faux dans
ces vœux exprimés alors par le clergé et la noblesse, aussi bien que par le tiers-état? Si les
hommes qui furent témoins de l'administration
de cette époque, regrettent que, pour obtenir
ces modifications, on ait cru devoir renverser
violemment les principes, les choses, et les personnes, pour y substituer d'autres principes,
d'autres choses, et d'autres personnes, dans l'intérêt des novateurs, qu'y a-t-il donc encore de
faux dans ces regrets? Vous vous plaignez, et
avec raison, que tout n'est pas bien; que rien
même n'est bien; en attendant le mieux que
vous prétendez substituer aux institutions que
vous avez brisées, depuis trente deux ans, sans
rien mettre de bon à la place, pourquoi ne serait il pas permis de déplorer le renversement de
ce qui était adapté aux idées, aux mœurs con-
temporaines, sans être taxé de mensonge?

Ah ! Combien les hommes de bonne foi qui

acceuillirent imprudemment les rêveries des
novateurs, ont été cruellement trompés! Te-
moins de quelques imperfections dans notre
système social, ils se prévinrent en faveur d'un
mieux idéal, et rapprochant leur chimère de
l'administration pratique, ils s'imaginèrent que
la reconstruction de l'édifice social était nécessaire; qu'il fallait en changer les bases; que
les passions allaient disparaître au gré de leurs
vœux; que les novateurs n'étaient animés que
des sentiments les plus désintéressés, les plus
nobles, les plus généreux; ils s'associèrent au
grand œuvre de la régénération publique; ils
firent à cette espérance, les plus grands sacrifices
personnels, et ils n'ont été désabusés qu'en
voyant leur patrie couverte de prisons, de crimes, et d'échafauds. Leur désenchantement est-
il aussi l'effet du mensonge et de la mauvaise
foi, et de trop justes regrets, exprimés avec
candeur et loyauté, seront-ils encore flétris d'indignes reproches?

Pour apprécier leurs regrets, examinons un
peu la conduite des hommes de la nouvelle
France qui sont restés infatués des doctrines
révolutionnaires et qui veulent faire prévaloir
ces principes et en poursuivent le triomphe.

CHAPITRE V.

Examen des titres des hommes de la France nou-
velle, c'est-à-dire de la révolution, à l'exercice
exclusif du pouvoir.

MAINTENANT que nous avons examiné la situation des hommes de l'*ancienne France*, pour
parler le langage de M. Guizot, voyons si la situation des hommes de la *France nouvelle* est
aussi intéressante qu'il veut bien le dire, et si la
monarchie doit les employer exclusivement à
son soutien.

Ici j'aurais encore le droit de demander à M. Guizot une explication, par rapport aux hommes de la
France nouvelle, et de savoir ce qu'il entend par
ces paroles : Si je voulais être sévère, il ne tien-
drait qu'à moi de ne voir, dans les hommes de la
France nouvelle, que les artisans du 6 octobre
1789, les assassins du 2 septembre 1792, les
sicaires du comité de salut public de 1793 et 1794,
ou les mitrailleurs du 13 vendémiaire an 4 (5 octobre 1795.) Mais je serai plus coulant, et je
consens à faire l'application de sa pensée aux pa-

triotes de 1789 qui, fondés sur les principes de
la révolution, rêvaient, à cette époque, l'amélioration du système social; à ceux qui, animés de
ces mêmes principes, ont mis la main à l'œuvre,
depuis le commencement de nos troubles jusqu'à
ce jour, et sont restés attachés à ces principes;
enfin aux donataires de Buonaparte, signalés particulièrement par M. Guizot, comme les hommes
de la France nouvelle.

Je présume que mon interprétation ne saurait
être décriée comme inconvenante, car autrement
je ne saurais plus ce que M. Guizot a voulu
dire.

Je dois croire que nous sommes d'accord sur
ce point, et, raisonnant *dans son système*, pour
mieux me faire comprendre de lui et de ses disciples, je dis aux hommes de la *France nouvelle* :

Vous eûtes la prétention de perfectionner la
société, d'en réformer les abus, d'avancer la civilisation. Je n'examine pas si votre entreprise fut
réfléchie, prudente; si elle fut mesurée sur l'é-
chelle des possibilités; je la proclame, avec vous,
grande, noble, généreuse, louable, sublime
enfin; j'excuserai même jusqu'à vos moyens,
quelque violens, quelque barbares, quelque
atroces qu'ils aient été; car je ne me dissimule pas
que, forcés de vous associer, pour l'accomplisse-

ment d'un si grand dessein, à la multitude, vous n'avez pu la retenir dans la carrière que votre imprudence lui avait ouverte : je sépare vos intentions des crimes de la multitude, je vous en crois innocens, et je vous pardonnerai tous ses excès, si vous avez agi dans l'intérêt de vos principes, et pour en assurer le triomphe ; si vous n'avez employé la violence, l'injustice, la barbarie, envers la minorité, que pour rétablir la généralité de vos concitoyens dans la jouissance des droits dont vous les déclariez privés.

Mais êtes-vous restés fidèles aux principes inscrits sur votre drapeau, à la cause de l'égalité, de la liberté, dont vous vous proclamiez les apôtres ? Non, vous l'avez abandonnée, vous l'avez trahie de la manière la plus scandaleuse ; vous avez, il est vrai, proscrit la noblesse, les titres, les dignités, prodigué le sang de vos concitoyens pour extirper le souvenir de tout ce qui pouvait rétablir le privilége de la naissance ; mais, à peine vainqueurs des anciens propriétaires de ces titres, vous vous êtes arrogé ceux dont vous les aviez dépouillés avec tant d'acharnement ; vous avez accepté, créé des majorats ; vous avez consenti au rétablissement des ordres de chevalerie ; vous en avez accepté, étalé les insignes avec une orgueilleuse arrogance ; vous avez accepté les dépouilles de vos ennemis; leurs terres, leurs hôtels sont devenus vos domaines; vous avez aidé, caressé, servi la tyrannie, déserté la cause de la liberté; enfin, vous avez montré à la France, à l'Europe, à tous les êtres pensans, que les sentimens dont vous aviez fait parade, que tous ces sentimens de philantropie, d'amour du peuple, de mépris des rangs, des distinctions honorifiques, n'étaient que des jongleries, des hypocrisies, des affectations mensongères, des leurres grossiers, pour entraîner la multitude, pour vous l'attacher, et l'employer comme auxiliaire, sauf à l'accabler, après le triomphe, de votre insolence et de votre orgueil; rien n'a été vrai, rien n'a été franc, rien n'a été sincère dans votre conduite : tout a été fausseté, artifice, dissimulation, perfidie, mensonge; que si j'abordais l'examen de la manière dont vous avez défendu les libertés publiques, je vous montrerais la liberté de la presse, la liberté individuelle, constamment invoquées par vous, et livrées aussitôt par vous à toutes les tyrannies du comité de salut public, du directoire ou de l'usurpateur; un sénat acceptant le titre de conservateur, et ne conservant que la part du butin que lui faisait le despote élevé de son consentement au trône impérial; une succession si rapide de parjures que la morale publique en restera pour jamais contaminée; enfin, une foule d'actes éga-

lement faux, inconséquens, absurdes et barbares, la honte éternelle de votre parti.

Voilà le langage que la révolution a le droit
de tenir à ses plus brillans acteurs, aux hommes
de la France nouvelle.

Voyons si leur conduite envers la monarchie
mérite plus de ménagemens.

———

CHAPITRE VI.

PREMIÈRE SECTION.

Conduite des hommes de la révolution lors de la première restauration.

Louis XVIII remonte sur le trône de ses ancêtres et le gouvernement de la révolution toujours en projet, toujours remis en question, ce gouvernement restait à faire, après vingt-cinq ans d'inutiles efforts et de désastreux essais : aujourd'hui même ce gouvernement est encore tout entier dans les limbes de l'entendement révolutionnaire ; M. Guizot lui-même en convient : cet aveu seul devrait rendre les docteurs en politique moderne, humbles et circonspects ; car si pendant trente-deux ans que le pouvoir est passé dans leurs mains, ils n'ont su ni le garder, ni l'organiser, c'est une preuve qu'ils sont incapables, ou que la révolution reposant sur de fausses bases, tout édifice élevé sur ces bases est condamné à crouler sous la main des architectes.

« En 1814, dit M. Guizot, la Charte donna les
» formes générales et les pouvoirs supérieurs du
» gouvernement de la révolution. »

Cette assertion plaît à M. Guizot et à ses dis-

6..

ciples ; ils sont flattés de pouvoir dire que la Charte n'est que la consécration des principes révolutionnaires ; mais je leur en demande pardon, elle est, tranchons le mot, complètement fausse, l'assertion de M. Guizot.

La Charte n'a rien de commun avec la *déclaration des droits*, base de la révolution ; la Charte ne reconnaît ni *l'égalité originelle*, ni la *souveraineté du peuple ;* la Charte est au contraire une protestation solennelle contre *l'absurdité* de ces deux dogmes fondamentaux des révolutionnaires.

Je reviens à l'aveu de M. Guizot : « Le gou- » vernement de la révolution restait à faire en » 1814. » Que M. Guizot se résigne ; vécut-il autant que Mathusalem Mathieu Saalem, il n'aurait pas la satisfaction de voir faire ce gouvernement.

Il y en a une bonne raison ; c'est que ce gouvernement est impossible, c'est que toute tentative pour le consolider peut se comparer aux efforts des Danaïdes pour remplir leur tonneau.

Si ce gouvernement eût été possible, les conventionnels l'auraient assis ; ils avaient le fanatisme, le talent et le caractère convenables à ce grand-œuvre ; ils ne l'ont pas fait, c'est que la chose encore une fois était impossible.

Buonaparte, quoique révolutionnaire par instinct et par goût, n'essaya pas même d'organiser le gouvernement de la révolution, tant il en re-

connut l'impossibilité, et passant d'un extrême
à l'autre, il organisa le despotisme. M. Guizot
prétend qu'il fit beaucoup pour le peuple (1).

Oui, il doubla l'impôt en argent, décupla l'impôt en hommes par la conscription, baillonna les
députés du peuple, comprima l'opinion publique, remplit les prisons d'État, tortura toutes les idées, créant une nouvelle noblesse et
prétendant étouffer toutes les anciennes illus-
trations, se faisant le centre de tous les intérêts,
et asservissant la France et l'Europe à sa personne
et à sa famille. Les plaisans bienfaits!

Encore voilà-t-il les meilleurs fruits des se-
mences révolutionnaires.

Cependant, le Roi plein de modération, à sa
rentrée en France, sans foudroyer nominative-
ment les principes de la révolution, avait, en
promulguant la Charte, rappelé les véritables
principes du gouvernement, ceux qui avaient
constamment servi de règles en France avant la
révolution.

La Charte avait le mérite essentiel de *rassem-
bler dans un cadre circonscrit tous ces principes
épars dans nos anciennes lois et consacrés par
des coutumes, par des usages ayant force de loi.*

Qu'on ne s'y trompe pas, et que l'amour et le

_____

(1) Page 132.

respect des peuples pour l'auteur de la Charte
n'en soient pas moins profonds, mais aucun droit
n'a été concédé aux Français en 1814 dont ils
ne fussent en possession de temps immémorial.

L'égalité, devant la loi, n'avait certes rien de
nouveau.

Le droit d'arriver aux plus hautes dignités de
l'État, était aussi ancien que la monarchie ; les
exemples sont nombreux même sous Louis XIV.
La liberté de la presse, avant la révolution, est
attestée par tous les ouvrages publiés jusques
en 1788. La Charte ne donna donc point à la
France, comme le prétend M. Guizot, les formes
générales et les pouvoirs supérieurs du gouvernement de la révolution ; mais le Roi, trop confiant et trop généreux, crut pouvoir laisser entre
les mains des hommes de la révolution le maniement des affaires, dont ils se trouvaient en possession ; les révolutionnaires en tirèrent une conséquence qui flattait leur vanité et leur intérêt ;
ils en conclurent que le Monarque faisait alliance
avec la révolution. Mais l'acceptation de ces hommes par le prince n'impliquait aucunement celle
des principes de la révolution ; ces hommes au
contraire semblaient avoir dès long-temps abjuré
leurs principes ; ils s'étaient servilement dévoués
au plus terrible ennemi de ces principes ; ils
avaient, dans leur participation à l'exercice du

despotisme montré, de mille manières, qu'ils cons-
puaient leurs anciennes doctrines, et ils en paraissaient les ennemis les plus acharnés ; le Roi
n'avait donc pu supposer, de leur part, le plus
léger retour à ces doctrines. Cependant, au lieu
de se montrer reconnaissans et dignes de la confiance du prince, l'Europe vit avec indignation
ces mêmes hommes au retour de Buonaparte
abandonner la cause du Roi et consacrer les uns,
par la rédaction, les autres, par l'acceptation des
articles additionnels , l'ostracisme des héritiers
de Saint-Louis.

Certes tout pacte était brisé par cette félonie
entre les Bourbons et les hommes de la France
nouvelle ; et que l'on ne prenne pas le change :
les hommes de la France nouvelle, tels que les
conçoit M. Guizot, ne sont rien autre chose
que les anciens grands dépositaires du pouvoir
impérial, voilà exclusivement les hommes de la
nouvelle France de M. Guizot. Certes , M. Guizot et consorts voudraient bien comprendre,
sous la dénomination des hommes de la nouvelle France, la masse des Français ; mais cette
masse, toujours opprimée par les révolutionnaires,
rejette cette application comme fausse et imagi-
naire. En effet cette masse repoussait en 1814
le despotisme intolérable de Buonaparte ; elle
était rentrée avec joie sous le sceptre doux et

tutélaire des Bourbons ; elle avait tout à gagner, elle n'avait rien à perdre ; chaque famille avait pû espérer enfin qu'elle ne se verrait pas, tous les six mois, violemment arracher ses enfans pour aller semer de leurs cadavres, les champs ensanglantés de l'Europe ; quelques inquiétudes avaient pu s'élever dans l'esprit des acquéreurs de biens d'émigrés ; mais ils eussent été bientôt complettement rassurés par les paroles royales, si les hommes de la France nouvelle n'avaient cherché, par tous les moyens de seduction possibles, à exciter, à entretenir ces inquiétudes, s'ils ne se fus-pas opposés, de tout leur pouvoir, à ce qu'une juste indemnité fût accordée aux anciens propriétaires.

Un illustre maréchal en avait, dès le principe, fait la proposition loyale ; mais tout le parti révolutionnaire jeta les hauts cris, comme s'il se fût agi d'un acte de trahison et non d'un acte de justice ; le propre des grandes âmes est de se manifester toujours fidèles à l'honneur : ce même maréchal en fut le modèle, au retour de Buonaparte : on le vit préférer une honorable nullité, plutôt que de trahir ses derniers sermens ; tandisque les censeurs de sa proposition se disputèrent auprès de Buonaparte, la primauté du parjure. Ainsi, les révolutionnaires relaps, ceux qui se prétendent les hommes par excellence de la

France nouvelle, après avoir été infidèles à la révolution, sous les auspices de laquelle ils s'étaient élevés, se sont montrés non moins infidèles au Roi qui leur avait conservé généreusement le maniement des affaires, leurs places et leurs honneurs; au lieu de l'aider à cicatriser les plaies faites par la révolution, ils les ont, à dessein, entrenues pour se rendre nécessaires, se proclamant toujours seuls capables de les guérir, et les arrosant de fiel et de vinaigre, au lieu d'y appliquer un baume curatif.

Et c'est l'apologiste de ces hommes, qui ose articuler que le vice radical de l'ancien régime est le mensonge, comme la vertu essentielle des hommes de la France nouvelle *qui se sont déclarés contre les Bourbons*, est sans doute la franchise et la bonne foi. Ah! sans doute, ces hommes ont de la franchise; ils ont celle de l'audace qui veut conquérir à tout prix l'objet de sa convoitise, qui méprise toute morale comme un préjugé incommode, et qui, dans sa brutale ambitise, sacrifierait la société toute entière pour la satisfaction de ses appétits désordonnés. Si c'est là la franchise qui mérite les éloges de M. Guizot, l'ancien régime doit se faire gloire de ne pas les partager avec les hommes de la France nouvelle.

Les hommes de l'ancienne France n'ont qu'une balance; celle de la justice pour tout le monde,

les hommes de la nouvelle France en ont deux;
celle de la justice pour eux et leurs amis, celle
de l'injustice pour les autres; c'est ainsi que
M. Guizot plaide la cause des donataires de Buonaparte dont il plaint la spoliation; mais si son
cœur s'émeut en faveur de ceux-ci, il reste im-
passible et froid pour les émigrés dépouillés,
Quelle pitié pourrait inspirer à M. Guizot l'expro-
priation des émigrés? Ils n'ont trahi personne;
ils ont mérité leur sort; mais ceux qui ont trahi
la révolution et le Roi, ceux-là sont dignes de
tout intérêt, et si l'on consultait M. Guizot, il
trouverait bon, sans doute, que l'on accrût la
masse des contributions, pour dédommager le
domaine extraordinaire, et rendre le montant
intégral de leurs dotations aux donataires de
Buonaparte. Ce sont là, par excellence, selon
M. Guizot, les hommes de la France nouvelle,
qu'il accuse les ministres de 1821 d'avoir sa-
crifiés à la jalousie des hommes de l'ancien régime (1), lors de la discussion, dans les Chambres, relative aux dotations.

Ce qu'il y a de plaisant, c'est que dans ce débat particulier aux donataires, et qui les inté-
ressait exclusivement, M. Guizot s'étonne qu'il
n'ait pas été question *de la France*; « on a vu,

_____

(1) Page 76.

» dit-il, un débat où la France était complète-
» ment étrangère, où des hommes disputaient
» de l'argent à des hommes, etc. »

Mais, M. Guizot, de quoi s'agissait-il au fond?
dans ce débat, d'argent demandé aux *Députés
de la France* pour les *hommes de Buonaparte*;
or les *Députés de la France* ont refusé de l'argent
aux hommes de Buonaparte. Il me semble que
tout s'est accompli selon les règles ordinaires
dans cette discussion, et que la France n'a été
ni plus ni moins partie intervenante, ni plus ni
moins étrangère qu'elle ne pouvait et ne devait
l'être. Est-ce que la France est toute entière dans
les donataires de Buonaparte et que hors ces donataires la nation ne soit rien? Est-ce que le re-
fus fait par les Députés de la France aux *hommes de Buonaparte* a laissé la France sans protection, sans appui pour le présent comme pour
l'avenir? Plus je réflechis à l'importance que
M. Guizot attache aux hommes de Buonaparte,
plus je me persuade que, hors de ces hommes, il
ne voit rien qui puisse offrir, pour le repos de
la France, la moindre garantie ! Je ne partage
point les inquiétudes de M. Guizot; ce ne sont
pas les cinq à six mille donataires de Buonaparte
sur qui la France doive exclusivement s'appuyer:
sans doute, il y a parmi eux des hommes aussi
honorés qu'honorables; ce sont ceux qui se sont

franchement, je dis franchement, ralliés aux Bourbons ; hors ceux là, je n'en connais pas un, pas un seul, que le gouvernement ait le moindre motif d'employer. En effet ces hommes qui ne se sont point ralliés aux Bourbons, veulent une autre France que celle des Bourbons; ils la veulent étendant sa domination sur l'Europe, non, par les bienfaits de la civilisation, mais à l'exemple de leur ancien maître, par la dévastation et la conquête; ils veulent que la France soit grande, *c'est-à-dire que l'Europe soit soumise à leurs armes et avilie;* ils se prétendent les seuls *braves* sur la terre; écoutez-les, leurs défaites ont été des trophées, eux seuls ils ont fondé la gloire de la France; la France de quatorze siècles date, pour eux, seulement de la première bataille dans laquelle ils ont déployé leur incomparable valeur; ils veulent que la génération présente et la postérité toute entière effacent des fastes historiques tous ceux qui ont dévancé les leurs; qu'il ne reste de souvenir que de leurs victoires ; que le grand résultat de la querelle européenne soit regardé comme non avenu, et qu'on leur tienne compte de la *mauvaise* comme de la *bonne* fortune; enfin pour satisfaire les prétentions modestes de ces hommes, ils veulent fonder une ère nouvelle, dont le renversement de la dynastie régnante soit la base, parce qu'avec elle, ils veulent faire disparaître tous les anciens souvenirs et avoir, comme l'on dit, *table rase.*

Mais la France a d'autres conditions d'existence à remplir dans son propre intérêt, que la satisfaction particulière de ces ambitions désordonnées : trop heureuse eût été la France, si le Roi, lors de sa deuxième rentrée, eût pris la résolution d'écarter de ses conseils tous les anciens serviteurs de Buonaparte animés d'un tel esprit ! Si les souverains étrangers ne se fussent laissés séduire par leurs protestations fallacieuses, au point de se persuader que leur intervention dans l'administration du royaume était indispensable à la tranquillité de la France et de l'Europe.

Examinons en effet, quelle a été la conduite de ces hommes à cette époque.

DEUXIÈME SECTION.

Conduite des hommes de la révolution à la deuxième restauration.

L'ARMÉE française, entraînée par la défection de ses chefs, s'était rejetée entre les bras de celui qui, sacrifiant chaque année trois ou quatre cent mille hommes à son délire de conquête, voulait bien donner, aux survivans, une part de la curée de l'Europe, et entretenait leur ardeur guerrière, comme le chasseur entretient celle des fidèles compagnons de sa peine et de ses plaisirs barbares.

L'Europe s'était levée en masse, pour arracher une deuxième fois les armes des mains de son ennemi et prévenir de nouveau sa ruine, son esclavage et sa honte. Les champs de Waterloo avaient fait justice de l'Attila moderne; le Roi rentrait dans ses Etats; sa première proclamation annonçait la résolution de récompenser les serviteurs fidèles et de punir les traîtres.

La morale et la politique l'exigeaient aussi impérativement l'une que l'autre.

La faction anti-bourbonienne fit jouer tous les ressorts pour prévenir ce grand exemple et briser ou émousser le glaive de la justice.

Qui pourrait dire par quels raisonnements spécieux elle parvint à intéresser les souverains alliés, pour leur faire influencer les sentimens du Monarque? comment elle réussit à faire renvoyer du conseil du Roi, ces mêmes serviteurs qui l'avaient accompagné dans sa retraite, et jusqu'à ce duc de Feltre, qui depuis donna de nouvelles preuves d'un dévouement si sincère qu'on le vit faire violence à ses propres affections, pour ne conserver au service que des officiers recomandables par leur fidélité.

Les premiers actes du nouveau conseil furent

la promulgation de deux ordannances, l'une qui ajournait toute promotion dans l'armée; ordonnance évidemment surprise dans cette double combinaison, que les serviteurs fidèles étant immédiatement privés de tout avancement, le temps effacerait chaque jour et le souvenir de leurs services et celui de la félonie des parjures; en sorte que les uns seraient privés de récompense, et que les autres, rentrant en grâce à l'aide de protestations hypocrites, reprendraient bientôt tous les avantages de leur ancienne position; combinaisons qui furent un moment suspendues par la rentrée du duc de Feltre au ministère, mais qui finirent par s'accomplir avec une ponctualité rigoureuse, sous les auspices de leur premier auteur.

La deuxième ordonnance mettait à la retraite tous les officiers agés de cinquante-cinq ans : et dans quel dessein fut-elle sollicitée et obtenue, si ce n'est pour écarter d'un seul coup, de l'armée française, tous les anciens émigrés? Calcul bien digne de la faction, car en même temps que l'on privait la monarchie de tous les hommes qui s'étaient dévoués pour elle, on enlevait à cette armée les modèles vivans de la fidélité; de qui l'on semblait craindre qu'elle ne reçût tout à la fois des leçons et des exemples. Tels furent les deux grands jalons que la faction était parve-

nue à placer sur la route tracée pour le renversement de la dynastie de St.-Louis, lorsque la
Chambre de 1815, pénétrant la pensée de cette
faction, rendit nécessaire, par son attitude mo-
narchique, la formation d'un nouveau conseil.
Mais l'ordonnance du 5 septembre 1816, para-
lysa les efforts de la Chambre de 1815 pour arrêter les projets de la faction; bientôt celle-ci
reprit toute son influence, tout son empire ; le
duc de Feltre fut une deuxième fois éloigné, et
son successeur fidèle au plan qu'il s'était tracé,
reprenant la ligne de ses anciens jalons, fit ren-
trer, dans le service militaire, tous les officiers
écartés.

Ainsi le lieutenant de l'armée, grâces à ces
machiavéliques combinaisons, finit par n'être
qu'une chose d'éclat sans effet réel; on s'était
privé des soldats, des officiers subalternes qui
n'avaient fait qu'obéir aux ordres de leurs chefs,
et ces mêmes chefs, auteurs de la défection de
l'armée se virent rappelés au service pour con-
sommer, en temps opportun, le grand-œuvre
projeté.

Par la fascination la plus étrange, la faction
parvint à persuader à l'opinion publique que la
France, deux fois libérée de la présence des armées étrangères par la volonté spontanée de leurs
souverains, devait se mettre en garde contre leur

prétendue ambition, et que pour prévenir une aggression de tout point invraisemblable, l'armée française ne pouvait être bien commandée, dans l'intérêt de la légitimité, que *par ceux qui l'avaient trahie.*

Cette aggression était-elle bien le danger le plus imminent? Et dans le cas même où elle eût été possible, avait-on oublié que des généraux recrutés, pour ainsi dire au hasard, dans les rangs des simples soldats, des simples citoyens, des étudians en droit avaient, en 1792, soutenu l'honneur des armes françaises?

Avait-on oublié que les Moreau, les Hoche, les Pichegru, les Desaix et Buonaparte lui-même étaient passés des derniers rangs de l'armée au commandement suprême, et que, pour conduire des Français au champ de Mars, une longue expérience ne fut jamais nécessaire? On ne l'avait pas oublié, mais on feignit de ne l'avoir jamais su.

Sous quels ministres furent accomplis ces actes funestes à la dynastie? sous les hommes de la révolution, sous les hommes de la *France nouvelle,* qui, malheureusement, parurent avoir été imposés par les étrangers dupes eux-mêmes des intrigues de la faction, et qui ne soupçonnaient pas que, sous les apparences du repentir et du dévouement, les révolutionnaires

7

relaps cachaient les arrières-pensées les plus perfides, et rêvaient le triomphe futur de leurs
chères doctrines!

Mais que dis-je, et quelle est mon erreur?
non ils ne rêvent point, les hommes de la *France
nouvelle*, ils n'ont jamais rêvé le triomphe des
doctrines révolutionnaires. Croyons-en leur conduite constante sous Buonaparte; croyons les
actes de domination, de despotisme qui leur ont
été si long-temps familiers à l'imitation de leur
seigneur et maître; ils ne sont point les partisans de l'égalité, de la liberté, de la souveraineté
du peuple; comme nous, ils conspuent ces dogmes au fond de leur cœur; croyons-en les aveux
sincères de M. Guizot. Non, il ne haïssent point,
ils chérissent au contraire les distinctions, les
priviléges, les titres, les honneurs, pourvu qu'ils
en soient seuls revêtus; pourvu que d'anciennes
distinctions, d'anciens priviléges, d'anciens titres, d'anciens honneurs ne viennent point entrer en concurrence avec leur position nouvelle
et mettre en doute, dans l'esprit du peuple, lequel
de l'*ancien* ou du *nouveau régime* commande
plus de considération, plus de respect.

Il peut y avoir parmi les hommes de la *nouvelle
France*, qui ne se sont point dévoués aux Bourbons, beaucoup d'élèves de Cromwell, il n'y a
point de disciples de Washington. M. Guizot nous

l'a dit, l'égalité, la souveraineté du peuple, tous ces mots si puissans sur l'imagination des gens crédules, des ignorans et des fanatiques ne sont, pour les chefs de la faction, que des mots de ralliement propres à soulever encore une fois la multitude, et à l'entraîner dans un mouvement général pour renverser les Bourbons.

Pour y préluder, il faut, selon M. Guizot, mettre *l'ancien régime complètement hors de cause;* car l'ancien régime est importun, fatiguant par ses souvenirs; les hommes de la *France nouvelle* ne peuvent endurer ni rivaux, ni concurrens dans la carrière du gouvernement; il faut, à tout prix, leur épargner des rapprochemens, des comparaisons désagréables; une ère nouvelle doit s'élever pour eux, pour leur famille, et si ce but ne peut-être atteint que par un nouveau bouleversement de la France et de l'Europe, peu leur importe, ils diront comme Buonaparte: « *Que les destinées s'accomplissent!* »

Pour que ces destinées s'accomplissent plus facilement et avec moins de périls, ou plutôt avec toute la sécurité possible pour eux, ils demandent naïvement à la famille Royale qu'elle éloigne, de toute participation au pouvoir, ses plus fidèles serviteurs, ses amis les plus dévoués; alors, maîtres de tous les postes, on sent de reste que l'abdication de la dynastie régnante ne

sera plus qu'une affaire de forme, et quand le
jour de l'événement aura été suffisamment préparé par la faction, le changement de scène politique pourra être aussi rapide que celui d'une
décoration d'opéra.

~~~~~~

CHAPITRE VII.

De quelques assertions de M. Guizot.

M. Guizot nous apprend qu'il appartient à un corps enseignant; on l'aurait deviné sans qu'il le dît. Il faut avoir l'habitude de compter sur la docilité passive de ses auditeurs pour être aussi tranchant : j'ai déjà dit que je me garderais bien d'examiner les nombreuses propositions de M. Guizot; non qu'elles présentent de grandes difficultés pour être victorieusement combattues; il suffirait souvent de faire de simples rapprochemens, pour montrer le désordre qu'entraînerait l'application de ses principes.

Je crois l'avoir prouvé suffisamment, en indiquant ce qu'il y avait de léger, d'inconséquent et de faux dans l'exposé de *la doctrine abrégée de l'égalité* telle que M. Guizot l'a traduite pour ses lecteurs (1). Cependant M. Guizot, après avoir réduit cette doctrine à sa plus simple expression, est bien loin de la juger avec sévérité; il affirme au contraire que, sous cette forme, elle

---

(1) Page 49 de cette brochure.

est *armée de sentimens de justice et de princi-*
pes de raison. Selon lui, on ne peut *sans men-*
songe, la soupçonner ainsi réduite de « *vouloir*
» *se reproduire sous les traits de la haine, du*
» *nivellement, de l'anarchie, d'une théorie cou-*
» *pable et insensée* (1). »

On dirait que, pour la rendre parfaitement
innocente de toutes causes de désordres, il a
suffi à M. Guizot de la renfermer sous une formule abrégée.

Que le lecteur se figure M. Guizot lui présen-
tant, dans une demi-obscurité, un petit baril, et
lui disant : « Tenez, prenez une bougie et voyez
» ce que ce baril contient, rien n'est plus in-
» nocent, vous devez me croire, c'est moi qui
vous le dis... » Le lecteur regarde avec sa lumière
et recule effrayé. « Eh quoi! lui dit M. Guizot,
» vous avez peur! ce n'est pourtant que de la
» poudre à canon!!! »

C'est avec la même confiance, que M. Guizot
réclame pour *la révolution* la jouissance de pri-
vilèges exclusifs, *à l'aide d'un nouveau nom*,
sous lequel son parti la présente ; ce n'est plus
la *révolution* que M. Guizot veut défendre; ce
sont les *intérêts nouveaux.*

Il ne suffit pas *à ces intérêts nouveaux* d'ob-

(1) Page 158 de l'ouvrage de M. Guizot.

tenir du Gouvernement une part égale de protection avec les *intérêts anciens* ; ils veulent
être préférés; car la Charte les a, selon M. Guizot,
spécialement consacrés (1).

« De quoi vous plaignez-vous, dit M. Guizot,
ce n'est pas la révolution qui est exigeante, ce
sont les *intérêts nouveaux* ! Ne voyez-vous pas
que les enfans n'ont rien de commun avec leur
mère ? La mère, on vous la sacrifie, on l'aban-
donne, à moins, cependant, que son secours ne
devienne encore nécessaire ; mais les *intérêts
nouveaux*, les enfans de la révolution, vous devez les protéger, les caresser, les adopter exclusivement ! Ils sont les meilleurs auxiliaires du
Gouvernement; ils l'ont bien renversé une fois,
deux fois, trois fois, que sais-je combien? En
1789, en 1792, en 1793, en 1795, en 1797,
en 1799, en 1815; mais n'importe, ils n'en ai-
ment pas moins le Gouvernement avec passion,
avec idolâtrie; ils ne demandent qu'à le *servir*,
qu'à le *soutenir ;* eux seuls en ont le moyen, le
courage, la volonté et le talent; en preuve, ils
veulent ces *intérêts nouveaux*, ces enfans de la
révolution, ils veulent sacrifier leur mère au
Gouvernement, à condition bien entendu qu'ils
seront les maîtres uniques, et que le Gouverne-

_____

(1) Page 187.

ment sera leur serviteur ; autrement gare au Gouvernement, et la paix sera bientôt refaite entre la révolution et ses enfans! Ainsi, que le Gouvernement y prenne garde; car *ces intérêts nouveaux sont les plus forts , ils sont les alliés naturels du pouvoir, c'est à eux que le pouvoir doit s'unir* (1).

» Ils sont si forts *qu'ils contesteront à tout gouvernement qui prendra son point d'appui dans l'ancien régime, ses droits les plus naturels, ses prérogatives les plus nécessaires; à leur chef ils accorderaient beaucoup , et demanderaient peu* (2). »

Vous l'entendez, lecteur ; *à leur chef* les intérêts nouveaux *accorderaient beaucoup.* Je voudrais que M. Guizot nous expliquât où est le *chef,* quand ce sont les *gouvernés* qui *accordent.*

Je n'ai pas le courage de suivre M. Guizot dans le développement de son plaidoyer pour les *intérêts nouveaux.* J'aime à croire qu'un jour il désavouera ce langage de *corsaire* qu'on peut bien tolérer dans l'état de guerre, mais qui excite l'indignation, quand la paix a ramené des idées d'ordre et de justice, seuls élémens durables de la prospérité sociale. Si les leçons de

(1) Page 184 de l'ouvrage de M. Guizot.

(2) Page 186 du même.

M. Guizot pouvaient s'enraciner assez avant dans
le cœur de la jeunesse, il verserait un jour des
larmes de sang sur le succès de ses leçons; il
verrait, avant de mourir, l'ordre social vingt
fois remis en problème; *les intérêts nouveaux*
devenus bientôt *anciens*, céder à leur tour leur
rang à des *intérêts plus nouveaux*; la force brutale des masses briser journellement les supériorités nouvelles; les triomphateurs du jour être
les victimes du lendemain; enfin la société se
dissoudre et ne présenter qu'un théâtre de car-
nage et de destruction. Si M. Guizot n'avoue pas
toutes ces conséquences, c'est que le même esprit de parti, sous l'influence duquel il a écrit
son chapitre des *intérêts nouveaux*, l'aveugle à
ce point, qu'il peut avancer en politique les principes les plus erronés sans s'en douter, et en
se croyant même l'homme de France le plus
propre à gouverner.

Heureusement les leçons de M. Guizot se perdent à peu près dans le désert : en se portant le
défenseur des *intérêts nouveaux*, s'il croit mar-
cher à la tête *d'une armée immense*, M. Guizot se
trompe. Peut-être dans l'intention d'effrayer l'ancien régime, imite-t-il ces capitaines d'avant-garde
qui, pour répandre la terreur chez l'ennemi,
commandent les vivres pour dix mille hommes,
quand ils n'en ont pas deux cents derrière eux !

Faisons un peu la revue des *intéréts nouveaux :*

A la place de l'armée dont M. Guizot menace l'ancien régime, je ne vois que des groupes insignifians par le nombre ; ce sont les possesseurs des biens d'émigrés; mais le temps a fait disparaître de la scène la plupart des véritables acquéreurs; ceux qui possèdent aujourd'hui ont, pour la plus grande partie, hérité de ces biens; les uns les ont reçus en dot; les autres en paiement de créances; ou bien ils les tiennent de la quatrième ou cinquième main; ces biens ont fait confusion avec d'autres biens; en sorte que les *intéréts nouveaux* sont tellement enlacés avec les *intéréts anciens,* que ces derniers rassurent les premiers et les protégent.

Les premiers acquéreurs encore vivans, et qui jouissent de ces biens, sont moins faciles à inquiéter que ne le pensent les libéraux; ils sentent que l'on ne peut réparer l'injustice commise à l'égard des anciens propriétaires, que par des indemnités prises sur les contributions publiques; car autrement le Gouvernement, en dépouillant les possesseurs actuels de ces biens acquis sous la garantie des autorités alors existantes, ne réparerait l'injustice commise à l'égard des émigrés, que par une injustice envers eux: or l'injustice ne peut pas être exercée par un Gouvernement réparateur. La grande masse est donc au fond assez tranquille, et quand les émigrés auront reçu, *comme la justice le commande*, une équitable indemnité, les acquéreurs seront encore bien plus rassurés.

Il ne faut pas s'exagérer au surplus le nombre des acquéreurs de biens d'émigrés ; la masse des arpens de terre vendus n'est peut-être pas, dans la proportion du sol français, de 1 à 100, et l'on peut évaluer sur ce pied la quantité des propriétaires de biens d'émigrés. Or, voilà le principal corps d'armée des *intérêts nouveaux*, bien faible relativement à la masse des propriétaires anciens ! Je sais bien que M. Guizot ne tient pas seulement compte des *intérêts matériels*, et qu'il évalue pour beaucoup les *intérêts moraux* de la révolution ; là encore il se fait une prodigieuse illusion : ces intérêts doivent sans doute être comptés pour quelque chose comme élémens de chicane ; mais la possibilité d'une résistance réelle de leur part est chimérique ; elle ne pourrait pas même avoir d'efficacité dans l'ébranlement général des masses ; car dans leur mouvement, les masses ne feraient aucune distinction des *intérêts nouveaux* avec les *anciens* ; aux yeux de la multitude, tout homme vêtu décemment est un *aristocrate* : toute maison couverte à tuile est un *château* qu'il faut brûler, et dont il faut égorger le maître pour partager son bien.

Les intérêts nouveaux n'ont pas plus à craindre du Gouvernement des Bourbons, qu'ils ne sont eux-mêmes à craindre ; ils ne se hasarderont point à perdre la paix dont ils jouissent, pour se garantir des dangers qu'ils ne courent pas ; ils trouveraient certainement un grand mécompte à se montrer hostiles ; je ne les crois point disposés à le devenir et à se lancer dans les aventures, sur la foi de quelques imprudens exagérateurs de leurs forces, pas même de M. Guizot ; M. Guizot est un malin qui fait semblant de croire à la puissance des *intérêts nouveaux*, et de les redouter, *pour qu'on le charge de les contenir;* mais au fond M. Guizot est un homme d'esprit, qui sait apprécier les choses mieux qu'il ne veut le faire croire ; il ressemble encore à ces capitaines, qui, dans leurs relations, décuplent le nombre des ennemis qu'ils ont en présence, pour mieux exalter leur victoire, s'ils en viennent aux mains.

Pour nous, qui n'avons la prétention de gouverner ni les *intérêts nouveaux*, ni les *intérêts anciens*, nous nous garderons bien d'effrayer le Gouvernement, par la crainte de dangers chimériques : *il n'y a de danger pour lui que dans la faiblesse.* Elle seule peut en créer de réels, parce qu'elle provoque l'audace à des entreprises hardies ; c'est ainsi que la royauté a

péri devant une poignée de factieux, à la fin du
siécle dernier ; tandis que tous les pouvoirs qui
ont eu confiance en eux, n'ont rencontré que
soumission et obéissance , et souvent plus qu'ils
n'en méritaient ; qu'on ne cite pas en preuve contraire, les révolutions faites par la force armée !
Ces insurrections n'ont rien de commun avec
celles qui pourraient être tentées par des partis.
C'est au pouvoir à veiller à ce que ceux qui sont
armés pour lui, ne tournent pas leurs armes
contre lui : le premier devoir des gouvernans est
de savoir à qui ils confient le soin de les défendre, et il y a de leur part *impéritie ou faiblesse* quand ils se trompent.

Nous l'avons dit, la masse ne demande que
stabilité, repos et justice. Elle s'intéresse fort
peu à la satisfaction plus ou moins vive des pe-
tites vanités révolutionnaires. Elle sera toujours
prête à applaudir au Gouvernement, quand il
frappera les perturbateurs de son repos ; mais elle
fera chorus avec eux, si le Gouvernement souf-
fre d'insolentes bravades, et recule devant les
menaces de quelques fanfarons.... Quelle pitié
n'inspireraient pas ces fanfarons, si l'on voulait
apprécier leurs moyens réels ? Parmi les hommes
les plus influens de la révolution, qu'on en montre un, je dis un seul, qui, dénué de l'appui du
Gouvernement, se fasse suivre par dix autres de

quelqu'importance; et qui ayant organisé son
mouvement au commencement d'une rue, ne
soit abandonné, à l'extrémité de cette même
rue, par tous ceux qui ont quelque chose à perdre! Aussi le comité directeur des mouvemens
révolutionnaires se borne-t-il à faire tenter, par
ses agens, la crédulité des nigauds de province;
il se garde bien d'organiser à Paris une action
dans laquelle il serait obligé de prendre part:
triste aveu du sentiment secret de son impuissance! Que serait-ce si le Gouvernement n'eût
pas relevé les espérances des révolutionnaires
par d'innombrables concessions? C'est bien de
ce parti que l'on peut dire :

Sa longue servitude a fatigué Tibère.

Après la docilité avec laquelle ce parti a subi
tous les jougs, il faut être bien confiant, bien
aveugle, ou bien peureux, pour lui supposer
des résolutions décidées et des moyens de résistance.

A entendre M. Guizot, les représentans des
intérêts nouveaux formeraient une espèce d'a-
réopage permanent, dirigé depuis le commencement de la révolution par des principes inva-
riables, constamment fidèle à ses doctrines,
poursuivant avec une invincible opiniâtreté le but
qu'il s'était proposé, vainqueur dans tous les com-

bats, élevant ou déposant à volonté ses chefs, arbitre souverain du passé, du présent et de l'avenir; voilà la création de M. Guizot; mais écartez cette fantasmagorie, et vous serez étonné de ne trouver qu'une vaine illusion.

Vous verrez, à la place de cet aréopage, *une multitude tumultueuse*, excitée par des brouillons en 1789, animée d'un esprit de jalousie et de haine contre des supériorités acquises, et qui veut les détrôner. Est-ce par l'amour de l'égalité? Point du tout : c'est pour occuper les rangs des supériorités renversées; nous l'avons vu. Donc point de principes.

Cette même *multitude*, à titre de *souveraine*, renverse la monarchie et y substitue la république; chemin faisant elle exproprie, proscrit, extermine les serviteurs de la monarchie, pour les punir de *leur fidélité à l'ordre établi.* Cependant un homme sort des rangs de cette multitude, et brise à son tour la république, pour la remplacer, non par la monarchie, mais par la tyrannie : que fait la multitude? elle murmure, ronge son frein et obéit.

Son vainqueur l'organise de manière à ne lui laisser d'autre droit que celui de l'épée contre les peuples qu'il veut également asservir. Déjà grand nombre de cette multitude a péri dans le cours des événemens et s'est renouvelé; per-

sonne ne sait plus pourquoi lui ou ses devan-
ciers se sont mis en mouvement. *A la place des
premiers principes de la révolution*, il n'y a plus
qu'un sentiment général; celui *de l'obéissance passive au maître*. Cependant du sein de la multitude
renaissent constamment des armées nombreuses
et de ces armées sortent de brillants faits d'armes, des traits héroïques de courage, de grandeur d'âme, de magnanimité; « *la gloire du bonnet de grenadier efface la honte du bonnet rouge* : »
on remporte d'éclatantes victoires, on éprouve
d'éclatants revers; enfin les armées du maître de
la révolution sont refoulées sur le sol d'où il les
avait tirées; elles sont dispersées; les voilà dé-
sunies, sans lien commun, incertaines de ce
qu'elles doivent penser de leur aveugle obéissance, des folies gigantesques de leur ancien chef,
des impressions que leurs exploits, leurs défaites,
ont laissées dans l'âme de leurs contemporains,
et des souvenirs qu'elles viennent de léguer à la
postérité! Le maître de la révolution lui-même
tombé deux fois de toute la hauteur où la valeur
française l'avait élevé, va sur un rocher de l'O-
céan méditer sur ses erreurs, ses crimes, ses
triomphes et sa chûte.

Dans cet état, la *révolution*, trois fois vain-
cue, était humble, modeste, et ne deman-
dait à *l'ancien régime*, qu'indulgence pour

ses inconséquences, oubli pour ses fautes, pardon pour ses crimes, et repos. Point du tout ! il passe par la tête d'un ministre impru-dent, de supposer que cette révolution est un corps uni, qu'elle a des trésors, des armées, des flottes, des places fortes; qu'il faut traiter avec elle de puissance à puissance; sur cette belle idée, on livre à ses chefs présumés les trésors, les armées, les flottes, les places fortes de l'État ; l'on se pavane ensuite comme si l'on avait déployé la plus profonde politique, et l'on fait sonner ses louanges par toutes les trompettes de la renommée.

Bientôt les conséquences se développent, les chefs deviennent exigeans; on avait traité avec eux de puissance à puissance, ils annoncent le projet de rester la *seule puissance :* on est obligé à faire des pas rétrogades, on les fait avec ti-midité; vient un rhéteur qui régente les rétro-gradans, qui leur montre le prétendu danger, qui dit qu'il faut céder *au nombre, à la force,* et qu'il n'y a de salut pour tous que dans la sou-mission aux *intérêts nouveaux !!*

A ce prix, il promet aux gouvernans qu'ils se-ront contens de la docilité des gouvernés; que ces *derniers accorderont beaucoup* aux gouver-nans, et leur demanderont peu !!!!

Qu'il y a de désordre dans une société où l'on

donne sérieusement de telles folies pour des moyens de gouvernement! Que la plaie faite à la raison publique est profonde, quand elle ne repousse pas avec dégoût de pareilles doctrines!

~~~~~~

CHAPITRE VIII.

Théorie de l'opposition.

Dans un gouvernement représentatif solide-
ment constitué, l'opposition se forme, dans les
chambres, par la divergence naturelle des opinions; chacun des membres, d'accord sur le but
principal, diffère sur les moyens d'y arriver :
ceux qui se croient plus habiles que les ministres, font tous leurs efforts pour se faire des pro-
sélytes et pour faire prévaloir le système d'administration qu'ils croient le meilleur; quand ce
système paraît être meilleur que celui du ministère, les chefs de l'opposition gagnent chaque jour du terrein dans l'esprit de leurs col-
lègues; la lutte devient journellement plus vive
entre les opposans et le ministère, et ce dernier succombe souvent, à l'aide de quelques circonstances naturelles ou fortuites qui se décla-
rent contre les conséquences de leur système, et
font pencher les probabilités en faveur de celui de
leurs rivaux.

Cette opposition est de tout point fort utile
au pays; elle empêche le ministère de violer les

libertés publiques; elle le force d'administrer avec économie, d'entrer dans les voies d'amélioration et de mériter, par une habileté constante et soutenue, la considération publique et la faveur du monarque.

Pour que toutes ces conditions s'accomplissent dans l'intérêt du pays, une première condition est rigoureusement nécessaire; c'est que l'opposition n'ait point d'arrière pensée; c'est que son but patent, aussi bien que secret, se borne au renversement du ministère, pour le remplacer par les chefs qu'elle avoue.

Mais si, non contente de diriger ses efforts vers cet objet toujours légitime, l'opposition était suspectée, avec apparence de raison, d'avoir conçu le dessein de renverser, non pas seulement le ministère, mais le gouvernement lui-même; si l'opposition comptait dans ses rangs et parmi ses principaux chefs, des hommes qui, par des actes antécédens, eussent prouvé leur haine pour la dynastie régnante; proclamé, à la tribune même, leur admiration pour un autre gouvernement, le regret de sa chute; si ces hommes faisaient, chaque jour, des provocations à la force et au nombre pour qu'ils vinssent les aider à rétablir le gouvernement objet de leurs regrets, ou quelques nouvelles combinaisons appropriées à leurs principes révolutionnaires; alors cette opposition pourrait opérer beaucoup de scandale, exciter beaucoup d'inquiétudes, entretenir beaucoup de fermentation dans les esprits; mais elle serait évidemment incapable de produire aucun bien, aucun bon effet dans l'intérêt du pays; car les partisans du gouvernement établi seraient forcés de soutenir le ministère, objet des attaques de cette opposition, non seulement dans les mesures qui mériteraient d'être approuvées, mais dans les parties les plus vicieuses de leur administration; puisque, dans cette hypothèse, la question ne serait plus d'améliorer le système social, mais de soutenir ou de renverser le gouvernement. Or, la majorité décidée à le soutenir serait disposée à approuver indistinctement les ministres dans tout ce qui serait l'objet de la censure de l'opposition, de crainte qu'en prêtant son appui à cette dernière, elle ne s'en servît pour renverser le gouvernement, au lieu de l'améliorer.

Si j'étais ministre aujourd'hui, et uniquement dominé par le desir de garder le pouvoir, bien loin de chercher à éloigner des Chambres les chefs actuels de l'opposition, j'emploierais tous les moyens possibles de les y conserver; je les considérerais *in petto* comme les meilleurs auxiliaires que je pusse me donner, et je me garderais bien de desirer leur remplacement par des amis reconnus de la maison régnante ; car je courrais le risque d'y rencontrer des rivaux dangereux.

L'opposition n'aura d'utilité réelle pour la France, que lorsque la Chambre des députés ne comptera plus dans ses rangs des hommes signalés par leur haine pour les Bourbons, et affichant le goût des principes révolutionnaires ; des hommes qui ne chercheront pas à remettre chaque jour ces principes en crédit, et ne feront pas, dans ce dessein, des appels aussi fréquens que coupables aux passions de la multitude.

Les électeurs amis de leur pays, amis des libertés publiques, et partisans d'une véritable opposition, ne sauraient trop se pénétrer de la nécessité de n'envoyer à la Chambre que des députés animés d'un esprit de conservation pour l'ordre actuel; car s'ils s'obstinaient à nommer pour députés, des ennemis de cet ordre, ils agiraient contre leur intérêt, contre le desir qu'ils ont, sans doute, de perfectionner le gouvernement représentatif en le conservant.

Qu'on ne s'effraye pas légèrement ! quand la Chambre sera composée d'hommes amis de l'ordre actuel et ennemis des principes révolutionnaires, la Chambre ne sera pour cela *ni servile, ni unanime ;* il s'y formera nécessairement une opposition par l'esprit de rivalité na-

turelle ; et cette opposition sera aussi utile à la
prospérité sociale , que l'opposition actuelle est
éloignée de pouvoir jamais le devenir , tant que
la majorité des Chambres pourra la soupçonner
d'être animée d'un esprit de bouleversement, au
lieu d'un esprit d'amélioration et de conservation.

M. Guizot a envisagé l'opposition dans le gouvernement représentatif, sous trois rapports, et
donné force leçons aux chefs et aux membres
qui la composent; mon intention n'est pas de
le suivre , de discuter la justesse de ses propositions, encore moins la possibilité, pour les
membres de l'opposition, de se conformer docile-
ment aux instructions variées qui composent sa
théorie.

Je remarquerai seulement qu'il se plaint , et
avec une apparence de raison , que les institutions intermédiaires qui doivent être les conséquences de la Charte, et fournir des moyens à
l'opposition, soient encore à créer; peut-être s'en
dissimule-t-il une des principales causes! je vais
la lui dire, telle au moins qu'elle s'est présentée
toujours à mon esprit depuis cinq ans : c'est que
les précédens ministères, indépendamment des
motifs particuliers à quelques membres , se sont
laissés influencer par une opinion radicalement
fausse; cette opinion, c'est celle de M. Guizot qui,

dans les divagations de son esprit, moins juste que compliqué, s'est persuadé à lui-même, ou plutôt s'est prévenu en faveur de cette idée, qu'il était possible, en politique, d'allier les contraires.

C'est ainsi que M. Guizot, donnant des leçons de conduite à son parti, lui prescrit (1) : « De » repousser l'invasion de la vieille aristocratie » et cependant de ne point arrêter le dévelop- » pement, de ne point ébranler dans leurs *justes* » *droits* les supériorités nouvelles. »

Or, quelque distinction subtile que puisse employer M. Guizot pour expliquer sa leçon, toujours restera-t-il au fond, qu'il exige de ses disciples, et surtout de l'opinion publique, des choses absolument contradictoires.

En effet, comment obtenir du public qu'il ait de la considération pour l'*aristocratie nouvelle* et qu'il n'en ait pas pour l'*ancienne?* qu'il re- connaisse des *supériorités nouvelles*, et qu'il méconnaisse *les anciennes?* C'est se jouer de la raison publique, que de lui proposer de pareil- les opinions à suivre; elle ne se laisse pas ainsi fourvoyer par l'intérêt d'une coterie, d'une fac- tion, d'un parti; c'est avec la raison publique surtout, qu'il faut *qu'une porte soit ouverte ou fermée*. Voulez-vous de l'aristocratie nouvelle?

(1) Page 342.

rattachez-la à l'ancienne. Ne voulez-vous point de l'aristocratie ancienne ? Proscrivez toutes les aristocraties ; vous serez un pauvre législateur, mais vous ne serez pas inconséquent....

Vous avez à récomposer l'ordre social *en France* et vous arrangez votre système, comme s'il s'agissait d'organiser une colonie semblable à celle de Botany-Bay (2), *où chacun n'a rien de mieux à faire que d'oublier le passé*, pour s'occuper seulement du présent et de l'avenir ; rappelez-vous donc, que vous êtes en France, que le passé s'y rattache, malgré vous, au présent et à l'avenir, et renoncez encore une fois à la prétention d'allier les contraires.

C'est cette prétention qui a jeté les ministères précédens dans un système d'équilibre, tour de force impossible en politique, parce que la stabilité est le premier besoin de la société, qu'il n'y a point de stabilité dans l'équilibre, et que la société se lasse bien vite d'être le jouet d'oscillations qui menacent son existence, et compromettent son repos.

Ce qu'il faut à la société, c'est *du positif ;* et quelque répugnance que les amours-propres

---

(1) Colonie où le Gouvernement anglais déporte ses malfaiteurs.

éprouvent à se l'avouer, il faut convenir qu'il
n'y a de principes réels d'organisation sociale,
que dans *l'ancien régime sagement modifié;* au
lieu donc de s'unir aux détracteurs de l'ancien
régime, et de paraître reculer devant lui, les
ministres passés auraient dû s'en porter franchement les apologistes, dans tout ce qu'il avait de
bon, sans le défendre dans ce qu'il avait de
mauvais, et présenter à la France des institutions en harmonie avec la Charte et avec l'ancien
régime; car l'un et l'autre se touchent par les
points les plus importans, autant qu'ils diffèrent
des principes révolutionnaires.

M. Guizot reproche à l'ancien régime, *que
son vice radical est le mensonge;* je crois avoir
fait justice du reproche; mais j'en ai un plus vrai
à faire à l'ancien régime, et ce reproche est celui
d'une sorte *de fausse honte* qui l'empêche de
se relever dans toute la dignité qui lui appartient.

Il faut expliquer cette position :

Accablé par les masses populaires, victime
des violences, des excès de la multitude, *l'ancien régime,* long-temps courbé sous le poids
des confiscations, des proscriptions, des assassi-
nats, a fini par perdre le sentiment de ses droits
et des grands principes d'ordre qui l'avaient
constitué; long-temps calomnié par la multi-

tude, il a appris à trembler devant les calomnia
teurs; à force de s'entendre accuser et proscrire,
il a fini par se persuader qu'il y avait eu, contre
lui, des motifs légitimes d'accusation, de proscription; à force d'entendre qualifier sa fidélité,
sa loyauté, de trahison, il a fini par douter si la
fidélité, si la loyauté étaient des vertus; il s'est
demandé, sérieusement, s'il avait eu tort de
suivre son roi, de déserter un pays livré à la tyrannie de démagogues en délire; enfin il a subi
le joug de l'opinion des masses, opinion de tout
point brutale, irréfléchie, mais arrogante, su-
perbe, et qui étouffe, de sa voix tonnante, toutes
les idées d'ordre, de justice et de raison.

L'ancien régime doit reprendre l'attitude qui
convient à son caractère; ce n'est plus celle d'un
vaincu suppliant la force victorieuse de ne pas
l'exterminer, c'est celle de la raison, de la justice, admises à discuter leurs droits devant un
peuple éclairé par sa propre expérience; usant
de ce droit avec une noble franchise, disant avec
courage la vérité aux sophistes, et bravant la fureur des révolutionnaires, comme le président
Molé bravait celle d'une populace effrénée.

A cette condition, l'ancien régime comman-
dera le respect à ses ennemis; car ses ennemis
sentent bien, au fond de leur cœur, tout ce qu'il
y a d'erreur, de mauvaise foi, de fausse jactance,

d'injustice et de déloyauté dans la haine qu'ils
affichent pour lui.

Les ministres des Bourbons rétablis sur leur
antique trône, sont les organes naturels et légaux
de l'ancien régime; c'est à eux qu'il appartient
de le réintégrer dans ses droits légitimes et de
le protéger contre les factieux, les insensés ou
les imprudens, qui demandent *sa mise hors de
cause;* il leur appartient, c'est un devoir impé-
rieux pour les ministres, d'extirper enfin tous
les principes révolutionnaires. Les révolutionnaires sont haïssables encore plus, par le bien
qu'ils empêchent de faire, que par le mal qu'ils
osent méditer ; car ils sont sans force réelle pour
exécuter ce mal : cependant ils entretiennent de
folles espérances parmi leurs partisans, des inquiétudes parmi tous les amis de la paix ; ils
égarent la jeunesse, en la nourrissant de fausses
doctrines ; ce sont les harpies qui souillent tout
ce qu'elles touchent, dispersent les convives et
interrompent le dîner.

Qu'on me pardonne la sévérité de ces ex-
pressions! il faut parler enfin à la révolution le
langage de la vérité; il faut la lui faire entendre dans toute sa rudesse, dans toute son âpreté
native; c'est le seul moyen de la ramener à la
conscience de son iniquité originelle; car elle
se prévaut des ménagemens dont on use envers

elle, pour affecter l'audace et l'insolence. Les
hyperboles les plus mensongères sont les figu-
res de rhétorique accoutumées de ses orateurs! *le fatal tombereau*, *la terreur de* 1815,
l'oppression, *la tyrannie, la barbarie du gouvernement des Bourbons*, voilà le texte habituel
de leurs déclamations arrogantes! La France serait en effet replacée sous le régime de sang de
1793 et 1794, que leurs plaintes seraient moins
amères et moins violentes, tant ils comptent
sur l'ignorance profonde et sur la confiance
aveugle de leurs fanatiques partisans.

CHAPITRE IX.

Conclusion.

Nul homme clairvoyant ne saurait en douter, les hommes de la révolution, qui ne se sont pas sincèrement rattachés aux Bourbons, ne respirent que la chute de cette dynastie ; c'est l'objet de leurs vœux et de leurs efforts ; ils pensent que la révolution française, commencée sous les auspices des mêmes doctrines qui opérèrent celles d'Angleterre et d'Amérique, doit avoir le même dénouement. Dans leur impatience de le précipiter, ils en ont, d'une manière plus ou moins franche, plus ou moins détournée, fait entendre le vœu indiscret; mais surtout ils y ont travaillé depuis six ans, avec autant de constance que d'habileté, en cela puissamment secondés par la faiblesse, l'impéritie, la perfidie, tranchons le mot, de certains dépositaires du pouvoir royal; c'est ainsi que les ministres de Charles II préparèrent la chute de la maison des Stuarts.

Oui, ce fut en décourageant la fidélité par l'ingratitude, en récompensant la félonie par des honneurs et des richesses, en prostituant les no-

blés fonctions de la souveraineté, en les détour-
nant de l'application sévère de la morale et de la
justice, leur divin attribut, que les ministres de
Charles II firent succéder, dans le cœur des
peuples, au dévouement et à l'enthousiasme pour
la cause des Stuarts, cette froide indifférence,
ce profond dégoût qui, pénétrant peu à peu toutes
les âmes, laissèrent cette dynastie sans défen-
seurs, au moment de la catastrophe qui la préci-
pita du trône.

Rois, princes et ministres! comprenez-le bien;
ce n'est pas en vain que l'on heurte, que l'on
froisse, que l'on blesse les plus nobles sentimens
de l'âme; les sujets une fois convaincus du mépris des gourvernans pour la justice, pour la
fidélité, pour le dévouement, non-seulement
finissent par se désenchanter de l'amour qu'ils
leur portaient, mais ils ouvrent leur cœur aux
impressions les plus haineuses, et mettent une
sorte d'orgueil à vaincre leurs maîtres, en déloyauté. La révolution anglaise en offre des
exemples sans nombre; je ne puis m'empêcher
de faire remarquer à ce sujet jusques à quel point
les choses furent poussées, lors du détrônement
des Stuarts.

La haine contre eux était devenue si aveugle,
que les plus illustres maisons tinrent à honneur
d'être entrées dans la conjuration; le chevalier

Dalrymple, dans les mémoires circonstanciés
qu'il a laissés sur cette époque fameuse, avoue,
que John Dalrymple entra dans le conseil de
Jacques II *avec l'intention de le trahir*; il fait à
ce sujet cette réflexion sévère, « *une faveur capricieuse qui succède à une punition injuste n'est
qu'une insulte*; » il cite, avec l'intention de les
satisfaire, les familles qui prirent la plus grande
part à la conspiration; il s'excuse de ne pas les
nommer toutes, il oublie, il semble oublier que
des actes d'infidélité, quelsque puissent avoir été
leurs causes et leurs résultats, ne peuvent jamais
être considérés comme des trophées de gloire,
et que l'intérêt de la morale exigerait au moins le
silence sur de pareilles trahisons. Que l'on ne croie
pas, au reste, que le chevalier Dalrymple fût incapable d'apprécier de généreux sentimens! non,
il était seulement aveuglé par l'esprit de parti;
la preuve, c'est qu'il rend un brillant hommage
à la noble réponse que fit l'ancien chambellan
de Jacques II à Guillaume III. Celui-ci, monté
sur le trône; et sachant que lord Mulgrave n'avait
pas été mis dans le secret, lui demanda ce qu'il
eût fait, si l'on se fût adressé à lui pour l'intéresser au succès de la conspiration : « Je l'aurais
» sur le champ dénoncée au maître que je ser-
» vais, » répondit le Lord. — Je ne vous en aurais
pas blâmé, répliqua le Prince; il aurait dit sans

doute « je vous en estime davantage, » s'il n'eût craint d'offenser ses nouveaux amis.

Quoi qu'il en soit, Jacques II ne trouva généralement que tiédeur, indifférence et dispositions hostiles dans le cœur de ses sujets long-temps aigris par une administration incertaine, faible, capricieuse, formée des élémens les plus hétérogènes, d'hommes presque toujours incapables de s'unir entre eux et de donner à l'esprit public une direction franche et convenable aux véritables intérêts des Stuarts.

C'est cette marche trop long-temps imitée en France depuis la restauration, qui entretient encore les factieux dans l'espérance que la dynastie des Bourbons finira par éprouver le même sort; et si quelques espérances opposées ont pu renaître dans l'âme des royalistes, ce n'est que depuis le jour où la France a vu passer le pouvoir entre les mains des hommes fidèles aux doctrines de la France ancienne; les chefs du parti révolutionnaire en ont frémi de rage, et leurs sicaires se sont précipités dans les entreprises les plus téméraires, pour tâcher d'opérer un mouvement général ; leurs journaux, leurs orateurs soutiennent avec une ardeur incroyable tous les factieux de la même trempe; ainsi les manifestes sont publiés, la guerre est déclarée entre les mécontens et les ministres;

les uns ou les autres doivent triompher : il faut
que les amis de la révolution, selon le vœu de
M. Guizot, mettent hors de cause, anéantissent
le parti des Bourbons; ou que les ministres ar-
rachent aux révolutionnaires tous les moyens
d'influence, toutes les armes qu'ils ont entre
les mains, et les réduisent à rester spectateurs
impuissans du triomphe de la vieille cause. Tous
ménagemens deviennent désormais non-seulement superflus et dérisoires, mais essentiellement dangereux.

Ministres du Roi, n'en doutez point! un avenir
d'éternelle gloire ou d'éternel opprobre s'ouvre
devant vous; la génération présente vous ob-
serve et la postérité vous attend; le sort de la
civilisation européenne est entre vos mains :
souffrirez-vous que cette faction appuyée sur des
doctrines dont les chefs avouent eux-mêmes la
fausseté, exerce plus long-temps son funeste
empire sur notre pays ? qu'elle poursuive des
projets impies, dont le succès livrerait encore
une fois la France à toute la fureur des partis?
car le moment du triomphe des factieux serait infailliblement l'époque d'une désunion entre eux
et de toutes les horreurs de la guerre civile. En
effet, qu'on demande aux meneurs de cette faction
quel chef ils se proposent d'adopter! et chacun
émettra des vœux, des opinions opposées; la

seule chose sur laquelle ils s'entendent provisoirement, c'est sur la prédication des doctrines révolutionnaires qu'ils jugent, avec raison,
parfaitement appropriées à leur dessein. Ministres du Roi, frappez donc, frappez ces doctrines dans tous ceux qui prétendent allier, avec
leur amour et leur propagation, le service de
l'État. La secte des carbonari lutte ouvertement contre les trônes; ses chevaliers se sont
glissés dans tous les départemens ministériels;
faites-en justice. Il n'est plus temps de transiger
avec ce parti; car l'esprit de parti ne connaît ni
traité, ni trève, ni paix; il fermente jusques dans
le silence, semblable au feu qui couve sous des
matières combustibles, prêt à s'enflammer au
plus léger mouvement de l'air; il faut l'éteindre,
l'étouffer complétement, ou se résigner à lui
voir encore une fois embrâser la France et l'Europe. Vous, révolutionnaires relaps! vous avez
épuisé, contre la dynastie régnante, tous les
moyens de l'affaiblir, de la décrier, de la dif-
famer; vous avez séduit les faibles, trompé les
ignorans, excité les séditieux; vous avez joué
votre rôle, vous avez agi dans vos intérêts,
dans celui de votre parti, soyez honorés dans
votre parti! vous méritez ses suffrages, vous
méritez ses éloges, vous êtes dignes d'obtenir
ses faveurs quand il sera le maître!

Mais vous, ministres du Roi! si vous prétendez consolider le trône, gardez-vous de vous
traîner dans l'ornière d'une fausse condescen-
dance envers les détracteurs déclarés ou secrets
des Bourbons; arrachez-leur le masque consti-
tutionnel dont ils se couvrent; ce masque est
percé à jour, il cache des *conspirateurs* ou des
ignorans.

Les premiers feignent de croire, qu'avant la
Charte constitutionnelle, le monarque était absolu; que la France n'avait ni libertés publiques, ni institutions, ni lois protectrices de ces
libertés; ils mentent à leur conscience (1).

Les seconds sont des pauvres d'esprit, mais des
disciples dangereux et prêts à s'allier aux conspirateurs, dans l'intérêt de ce qu'ils appellent la liberté. Les uns et les autres sont indignes des
faveurs du gouvernement du Roi.

---

(1) Les historiens anglais eux-mêmes ont remarqué que
l'assemblée des États-généraux, tenue sous Jean II, pour
résister aux projets de l'Angleterre, et qui vota les impôts
nécessaires, nomma des commissaires chargés de recevoir et
distribuer les impôts, et d'empêcher qu'on n'en levât d'autres
illégalement; que Jean II ne mit aucune entrave ni dans les
décisions, ni dans les opérations de cette assemblée; preuve,
disent ces historiens, de la liberté dont les Français jouissaient alors, qui ne le cédait à celle d'aucune autre nation
de l'Europe. (*Histoire universelle,* pag. 436, tom. 30.)

Hâtez-vous de les éloigner des emplois, ayez confiance dans le pouvoir ; *force* et *justice* doit être votre devise ; et pour finir par un exemple historique digne de votre méditation, rappelez-vous la conduite de Georges¡ Ier venant prendre possession du trône d'Angleterre agité par des factions opposées ; à son installation dans la grande salle du conseil, devant un auditoire nombreux, il prononça, d'une voix forte, ces paroles remarquables : « *J'ai pris pour maxime* » *de ne jamais abandonner mes amis, d'être* » *juste envers tout le monde et de ne craindre* » *personne.* »

FIN.

DECRET

DE L'UNIVERSITÉ D'OXFORD,

PORTÉ DANS L'ASSEMBLÉE DU 21 JUILLET 1683.

« A l'honneur de la très-sainte et indivisible Trinité, pour la conservation de la foi catholique dans l'Église, et pour la sûreté de la personne du Roi, tant contre les attentats ouverts de ses sanguinaires ennemis, que contre les machinations secrètes des hérétiques et schismatiques : nous, le vice-chancelier, docteurs, maîtres, etc., assemblés par convocation de la manière établie, le samedi 21 juillet 1683, touchant certaines propositions contenues en divers livres et écrits publiés en anglais et en latin, et contraires aux saintes Écritures, aux décrets des conciles, aux écrits des pères, à la foi de l'Église primitive, au gouvernement royal, à la sûreté de la personne du Roi, à la paix publique, aux lois de la nature, aux liens de la société humaine, avons décrété, d'un consentement unanime, et déterminé de condamner les propositions suivantes :

» 1° Toute autorité civile dérive originairement du peuple ;

» 2° Il y a un contrat mutuel, tacite ou exprès entre le Roi et ses sujets ; et si le Roi ne fait pas son devoir, les sujets sont chargés du leur ;

» 3° Si les gouverneurs deviennent tyrans, ou gouvernent

autrement qu'ils ne le doivent suivant les lois de Dieu et des hommes, ils perdent leurs droits au gouvernement;

» 4° La souveraineté en Angleterre réside dans les trois États, le Roi, les seigneurs et les communes. Le pouvoir du Roi est d'un degré égal à celui des deux Chambres; elles peuvent le contredire et s'opposer à lui;

» 5° La naissance et la proximité du sang ne donnent point de droit au gouvernement; il est permis d'exclure de son droit et de la succession à la couronne l'héritier le plus prochain;

» 6° Il est permis aux sujets, sans le consentement, contre le commandement du suprême magistrat, d'entrer dans des ligues, des convenances, des associations pour leur propre défense et pour la défense de leur religion;

» 7° La conservation de soi-même est la loi fondamentale de la nature; elle arrête l'obligation de toutes les autres lois, lorsqu'elles lui sont opposées;

» 8° La doctrine de l'Évangile, qui ordonne de souffrir patiemment les injures, n'est pas contraire à la résistance par les armes aux puissances supérieures, dans le cas de persécutions pour la religion;

» 9° Les chrétiens ne sont pas obligés à l'obéissance passive, lorsque le prince commande quelque chose de contraire aux lois de son pays. Si les premiers chrétiens aimaient mieux mourir que résister, c'était parce que la religion chrétienne n'était pas établie par les lois de l'empire;

» 10° La possession et la force donnent le droit de gouverner, et les succès d'une cause ou d'une entreprise font voir qu'elle est juste et légitime. C'est concourir à la volonté de Dieu que de la soutenir, parce qu'en cela on se soumet à la conduite de la Providence.

» 11° Dans l'état de nature, il n'y a aucune différence entre

le bien et le mal, le droit ou le tort; l'état de nature est
un état de guerre dans lequel chacun a droit sur tout;

» 12° Le fondement de l'autorité civile consiste dans le
droit naturel, qui n'a pas été donné, mais laissé au souverain magistrat lorsque les hommes sont entrés en société;
non-seulement un usurpateur étranger, mais même un re-
belle domestique rentre dans l'état de nature; et si l'on pro-
cède contre lui, ce n'est pas comme sujet, mais comme ennemi; par conséquent il acquiert sur la vie du prince, par
sa rébellion, le même droit que le prince a sur ses sujets
pour les crimes les plus odieux;

» 13° Chaque homme, en entrant dans la société, retient
le droit de se défendre contre la force, et ne peut transférer
le droit à la communauté lorsqu'il consent à l'union qui
forme la communauté. Supposé qu'un grand nombre de
membres aient déjà résisté à la communauté, et que, par
cela, chacun en particulier s'attende à souffrir la mort, ils ont
alors la liberté de se joindre ensemble, et de s'assister mu-
tuellement. En prenant les armes, quoique ce soit une suite
de la première violation de leur devoir pour maintenir ce
qu'ils ont déjà fait, ils ne commettent point un nouvel acte
d'injustice; et si c'est uniquement pour se défendre, il n'y a
pas du tout d'injustice;

» 14° Le serment n'ajoute aucune obligation au devoir,
et le devoir n'oblige qu'autant que celui envers qui on est
obligé s'y confie. Ainsi, lorsque le prince témoigne qu'il n'a
aucune confiance aux promesses de fidélité que font ses sujets, ils sont dégagés de la sujétion, et, malgré leurs devoirs
et leurs sermens, ils peuvent se révolter légitimement et détruire leur souverain.

» 15° Lorsqu'un peuple, obligé par devoir et par serment
envers son souverain, le dépouille injustement et contre l'ac-

cord fait avec lui, s'il trouve à propos de faire un accord avec un autre, il peut être obligé par le dernier accord malgré le premier.

» 16° Tout serment est illégitime et contraire à la parole de Dieu.

» 17° Un serment ne lie pas suivant le sens de celui qui le reçoit, mais de celui qui le prête.

» 18° La domination est fondée sur la grâce.

» 19° Les puissances de ce monde ne sont que des usurpations de celles de Jésus-Christ. Le peuple de Dieu est obligé de les détruire pour établir Jésus-Christ sur son trône.

» 20° Le gouvernement presbytérien est le sceptre du royaume de Jésus-Christ auquel les rois et les autres hommes sont obligés de se soumettre. La suprématie du Roi dans les affaires ecclésiastiques, soutenue par l'église anglicane, est injurieuse à Jésus Christ, seul chef et seul roi de l'Église.

» 21° Il n'est pas permis aux supérieurs d'imposer dans le service de Dieu rien qui ne soit antécédemment nécessaire.

» 22° Le devoir de ne pas offenser un frère faible ne peut subsister avec l'autorité humaine de faire des lois sur des choses indifférentes.

» 23° Les rois méchans et tyrans doivent être mis à mort. Si les juges et les magistrats inférieurs refusent de faire leur devoir, le pouvoir de l'épée se trouve dévolu au peuple. Si la plus grande partie du peuple refuse d'exercer ce pouvoir, les ministres de l'Église peuvent excommunier un tel roi, après quoi il est permis à un particulier de le tuer, comme le peuple tua Athalie, Jéhu, Jésabel.

» 24° Depuis l'établissement du canon de l'écriture, les peuples de Dieu, dans tous les siècles, doivent attendre de nouvelles révélations pour servir de règle à leurs actions. *Il*

10

est permis à un particulier qui sent des inspirations inté-
rieures, de tuer un tyran (1).

» 25° L'exemple des Phinées est un commandement pour
nous : car ce que Dieu a commandé, a approuvé dans un
temps, nous oblige dans tous les temps.

26° Charles Ier a été légitimement mis à mort, et ses meur-
triers ont été les bénis instrumens de la gloire de Dieu dans
toutes les générations.

» 27° Charles Ier a fait la guerre à son parlement, et dans
ce cas, on peut non-seulement résister au Roi, mais il cesse
d'être roi.

» Nous décrétons, jugeons et déclarons que toutes et cha-
cunes de ces propositions et doctrines sont impies, sont propres à corrompre les mœurs et les esprits des gens inquiets,
faire des séditions et des troubles, à renverser les États et les
royaumes, à conduire à la rébellion, au meurtre des princes,
et même à l'athéisme. C'est pourquoi nous interdisons à tous
membres de cette université la lecture desdits livres, sous les
peines portées par nos statuts, et nous ordonnons qu'ils
soient brûlés par les mains de notre maréchal, dans la cour
des écoles. Nous ordonnons aussi que, pour en conserver
la mémoire, ce décret soit enregistré dans notre journal de
notre assemblée, et que les copies qui en seront communi-
quées aux divers colléges, soient affichées dans les biblio-
thèques, les refectoires et autres lieux où elles puissent être
vues et lues de tout le monde. Enfin nous commandons et
enjoignons fort étroitement à tous recteurs, précepteurs, ca-
téchistes qui ont la charge d'instruire le peuple, d'élever soi-
gneusement leurs écoliers dans la doctrine qui est comme la

---

(1) Voilà l'article qui a mis le poignard à la main de Louvet

marque et le caractère de l'Église anglicane; savoir, qu'on doit
se soumettre à l'ordonnance humaine pour l'amour de Dieu,
soit au Roi, comme magistrat suprême, soit aux gouverneurs, comme ayant commission de lui pour la punition des
malfaiteurs, et pour la louange de ceux qui font bien, enseignant que cette obéissance doit être nette, absolue, sans
aucune exception de condition ni de rang; exhortant, selon
le principe de l'apôtre, à présenter des supplications, des
prières, des intercessions, des actions de grâces pour tous
les hommes, pour le Roi et pour tous ceux qui sont en autorité, afin que nous puissions mener une vie paisible et tranquille en toute piété et honnêteté, car c'est une chose agréable
à Dieu; obligeant d'une manière spéciale les écoliers à présenter leurs très-humbles prières au trône de grâce pour la
conservation de notre souverain seigneur le roi Charles,
contre les attentats ouverts et les secrètes machinations des
perfides frères, afin que le défenseur de la foi étant en sûreté sous la protection du Très-Haut, continue son règne
sur la terre, jusqu'à ce qu'il l'échange par une heureuse im-
mortalité. »